오늘도
가르치기위해
교단에 섭니다

28년 차 초등교사의 교직생활 꿀팁

오늘도
가르치기 위해
교단에 섭니다

정유미 (윰글) 지음

단원명: 함께 만들어요

푸른향기
Prunbook Publishing Co.

교단에서 아이들과 하루하루를 함께하는 선생님과

태어난 순간부터 아이를 위해 헌신하는 부모님께

이 책을 바칩니다.

"당신은 이미 충분히 잘하고 계십니다."

부모님께 기쁨이 되는 모든 아이를 존중하며,

학교가 교사와 아이 모두에게 행복한 공간이 되기를 진심으로 바랍니다.

오늘도 가르치기 위해
교단에 섭니다

3월 2일. 새로운 학년이 시작되는 첫날, 매년 새로운 반 아이들과 만난다. 이날 아이들도 긴장하겠지만, 교사도 마찬가지다. 부모가 자녀를 선택할 수 없듯, 교사도 반의 아이들을 선택할 수 없기 때문이다. 담임교사는 아직 누군지도 모를 아이들로 가득한 교실 문을 열고, 그 아이들 앞에 첫발을 내디딘다. 초임 시절에는 이런 순간이 긴장되곤 했지만, 이제 28년 경력의 교사로서 이 느낌은 한 해를 시작하는 '설렘과 기대감'이 되었다.

'담임선생님은 어떤 분일까?'

'무섭지는 않을까?'

'작년에 우리 학교에서는 몇 학년을 맡았나?'

새 학년이 시작되면, 아이들과 학부모는 어떤 교사가 담임이 되었을지 궁금해한다.

하지만 이 궁금증은 아이들과 학부모만 가지는 것은 아니다. 담임교사도 그해에 맡게 될 아이들이 궁금하다. 특히, 어떤 아이들에게 관심을 기울여야 할지 파악하는 것이 가장 먼저 해야 할 일이다. 첫날, 담임교사와 아이들이 만난 후 3월의 첫 2주 정도는 새로운 아이들을 파악하는 데 집중해야 한다. 물론 이전 담임교사에게서 들은 말도 있지만, 내가 직접 아이를 보고 판단하는 것이 항상 더 정확하다는 것을 매년 느낀다. 아이를 어떻게 바라보느냐가 그해 교육적 변화를 좌우하기 때문에 신중하게 판단해야 한다.

"선생님, 감사합니다."

"저희 아이는 꾸중을 호되게 해서라도 바르게 가르쳐 주세요."

"저희 아이가 선생님 덕분에 많이 달라졌어요. 정말 감사합니다."

"학교에 누가 되는 행동을 해서 정말 죄송합니다."

요즘 학교에서 듣기 힘든 말이다. '감사'와 '미안함'이 사라져 버린 교직이 안타깝게 느껴질 때가 있다. 반대로 아이들을 진심으로 지도하는 선생님들을 보면, 두 가지 마음이 든다.

'요즘 시대에 저렇게까지 해야 하나?'

'아이들이 과연 내 마음을 알까? 내가 이렇게까지 해야 하는 걸까?'

이런 마음이 들 때마다 큰아이가 초등학교 5학년 때 내게 했던 말을 떠올린다.

"너는 어떤 선생님이 가장 좋았던 것 같아?"

"저는 0학년 때 선생님이 제일 좋아요. 그 선생님은 저희에게 무섭게 하긴 했지만, 그래도 우리를 생각하는 분이셨어요. 그리고 우리와 많이 놀아주셨어요. 또 그 선생님은 공개수업에서도 떨지 않고 당당하게 수업하셨어요. 우리 학교에서 최고의 선생님이셨어요."

내가 생각하는 좋은 선생님이 아이에게도 똑같이 전달된다. 무심해 보이는 아이의 마음속에도 진심을 다하는 교사는 깊이 자리 잡고, 그 아이에게 영향을 미친다.

그렇다면 나는 교사로서 어떤 삶을 살아야 할까? 어떤 마음으로 아이들을 가르쳐야 할까? 선배로서 현장에서 만나는 후배들에게 어떤 조언을 해줄 수 있을까? 분명한 답은 있다. 그리고 나는 모든 교사가 이미 그 답을 알고 있다고 생각한다.

나는 선배로서 후배들에게 "선생님이 알고 있는 그 방법대로 하세요"라고 용기를 주고 싶다. 지금의 세상에서 '절대 흔들리지 말고, 본인이 생각하는 방법으로 아이들을 사랑하라!'고 말하고 싶다.

28년 전, 옷 가방 하나를 들고 기차에 올라 교직의 길을 걷기 시작했을 때 가슴이 뜨거웠다. 앞으로 만날 아이들과 학교생활에 대한 꿈으로 벅차올랐다. 하지만 요즘은 매일 들려오는 교직의 비통한 소식들에 힘이 빠지기도 한다. 그렇지만 초임 시절의 초심을 잃지 않으려고 노력한다. 그리고 그 마음을 떠올리며 오늘도 아이들과 함께 살아간다.

이 책을 통해 나는 어떤 일이 일어나더라도 '교직의 본질은 변하지 않는다'는 것을 말하고 싶었다. 그래서 교육에 대한 열정과 아이들을 사랑하는 마음을 지닌 후배 교사들이 학교를 찾고 지켜주기를 바란다. 마지막으로 현직에 계신 선생님들께 '힘내세요'라고 말하고 싶다. 그리고 아이들을 더 뜨겁게 사랑하라고.

이 생각 하나로도 이 자리에 서 있을 이유는 충분하다.

'오늘도 가르치기 위해 교단에 섭니다.'

2교시 부모와 교사, 함께 하는 학교

3교시 28년 차 초등교사의 교직생활 꿀팁

4교시 교사의 세상, 교사라는 배움

얘들아,
같이 놀며 배우자

"모르던 걸 익히는 과정은 참 불편해.

하지만, 불편하다고 느끼는 걸 해내면

너희는 '성장'이라는 선물을 받게 된단다."

아이들에게도 때때로
불편함이 필요하다

"주말에 여러분이 한 일을 포스트잇에 '삼행시'로 적어서 칠판에
붙여볼까요?"

아이들은 아침에 미리 각자의 책상 위에 놓인 정사각형 모양의
포스트잇에 지난 주말 동안 있었던 일을 적는다. 그런 후 칠판 앞으
로 나와 포스트잇을 메모판에 붙인다.

"그런데 선생님, 꼭 삼행시로 적어야 하나요?"

"그랬으면 좋겠는데, 삼행시로 쓰기가 어려운가?"

"네, 조금 어려워요."

"그래. 그럼, 삼행시로 쓸 수 있는 친구는 삼행시로 하고, 어려운
친구들은 그냥 줄글로 써도 괜찮아."

아이들이 이렇게 반응하면, 나는 잠시 고민에 빠진다.

'그래도 하라고 할까, 아니면 그냥 하지 말라고 할까.'

잠시 생각한 후, 나는 말한다.

"얘들아, 그냥 글로 쓰면 쉬운데, 삼행시로 하려면 조금 불편하지?"

"네."

"그래, 그럴 것 같아. 그런데 너희가 불편하다고 느끼는 일을 해내면, 그만큼 성장하게 된단다. 비 온 뒤에 땅이 굳고, 몸에 좋은 약이 쓰다고 하잖아. 공부도 마찬가지야. 모르던 걸 익히는 과정은 참 불편해. 하지만, 불편하다고 느끼는 걸 해내면, 너희는 '성장'이라는 선물을 받게 된단다."

아이들은 내 말을 듣고 잠시 웅성거리며 고민하는 듯했다. 그들의 선택이 궁금했다. 한두 명씩 자기가 쓴 포스트잇을 들고 칠판 앞으로 나와 본인 이름이 적힌 칸에 포스트잇을 붙였다. 나는 책상에서 일어나 칠판 쪽으로 걸어갔다. 이미 포스트잇을 붙인 아이들은 내 옆에 서서 칠판을 지켜봤다. 그런데, 이게 웬일인가? 3명 정도를 제외하고는 모두 '삼행시'로 적었다. 어렵지 않았던 걸까? 아니면 내가 하는 말에 예의를 차린 걸까? 혹시 내가 전하려는 깊은 의도를 이해한 걸까? 어떤 이유라도 괜찮다. 오늘 우리 반 아이들은 '불편함을 통한 성장'을 선택했다. 아이들이 정말 기특하고, 고마웠다.

"얘들아, 정말 잘했어!"

이제 내가 할 일은 아이들을 향한 '폭풍 칭찬'이다. 칭찬은 그들이 적은 글의 수준이나 내용과는 관계없다. 이런 활동에서 '정답'은 없기 때문이다. 아이가 쓴 글을 받아들이고 인정해 주는 것만으로도 충분하다. 아이들은 칭찬을 통해 한 걸음 더 성장한다. 내 갑작스러운 칭찬에 머리를 긁적이며 자리에 돌아가는 아이, 평소에는 의사 표현을 못 하던 아이가 자신의 글이 반 친구들 앞에서 읽히자 멋쩍게 얼굴을 붉히는 모습, 본인이 쓴 삼행시를 다시 돌아보는 아이 등 다양한 모습을 드러내며 우리 반에는 웃음꽃이 피었다. 25개의 꽃송이. 크고 작은 꽃, 그리고 모두 다른 색과 향을 가진 꽃들이 오늘도 자신에게 주어진 몫을 해내며 성장하고 있다.

"그래, 이렇게 조금 불편한 길을 걸어보자꾸나."

지민이 책상 위에
욕이 적혀 있어요

"선생님, 지민이 책상 위에 욕이 적혀 있어요."

쉬는 시간에 학습 자료를 챙기려고 동학년 연구실에 있었다. 수업 종이 울리기 직전, 연구실 문이 살짝 열리며 우리 반 회장이 고개를 내밀고 말했다.

"알았어요. 일단 그대로 두고 있으면 선생님이 가서 확인해 볼게요."

학교에서 이런 일은 드물지만, 가끔 친구에게 욱하는 감정을 제대로 표현하지 못한 아이가 친구가 없는 틈을 타서 이런 행동을 하기도 한다. 우선 상황을 파악하기 위해 연구실을 나와 교실로 향했다. 그리고 지민이의 책상 위를 살펴봤다. 그곳에는 가위로 급하게 오려낸, 삐죽삐죽 잘린 종이 한 장이 놓여 있었고, 그 위에는 급하게 쓴 듯한 글씨가 있었다.

'이제, 절규다. **놈아.' (정확한 내용은 생략)

'절규'는 아마 '절교'를 의미하는 것 같았다. 그 아이는 혹시 종이가 바람에 날아갈까 봐 걱정했는지, 종이 끝을 테이프로 책상에 붙여놓았다. 이게 11살, 4학년 아이가 한 행동이 맞는 걸까? 순간 내눈을 의심했다.

'이동민'

주 1회 일기 쓰기, 주 1회 독서록 쓰기, 그 외에도 수시로 글쓰기를하고 직접 검사를 하는 나로서는 지민이 책상 위에 놓인 쪽지의 글씨를 보고 누가 쓴 글인지 알 수 있었다. 동민이는 나와 눈을 마주치지 않으려고 고개를 숙이고 있었다.

사건이 일어나기 전, 남자아이 세 명이 교실에서 심하게 장난을쳤다. 그중 동민이가 있었다. 특별히 한 명만 잘못했다기보다는 모두 조금씩 잘못을 한 상태였다. 그래서 모두 나에게 꾸중을 들었고, 다 함께 화해하며 상황은 마무리되었다. 그러나 동민이는 자신이 잘못한 게 없고, 친구 때문에 혼이 났다고 생각하는 것 같았다. 그건 사실이 아니었다. 동민이는 평소에도 자기 잘못을 인정하지 않는편이다. 나는 그런 동민이의 태도를 고쳐주려고 했지만, 늘 대들거나 반항적인 태도를 보였다. 예를 들어 가방에 휴대폰을 던지거나 혼자 중얼거리거나 심지어 욕을 한 적도 있었다.

'동민이는 왜 그럴까?'

'치료가 병행되면 더 나을 텐데.'

여러 번 고민 끝에 동민이 어머니와 통화를 했다. 학교에서 아이가 보이는 태도에 대해 진지하게 이야기를 나눴지만, 내 의도가 완전히 전달되었는지 확신이 없었다. 교사로서 지나치게 아이를 부정적으로 표현하는 것도 조심스럽다. 학부모가 어떻게 받아들일지 모르기 때문이다. 결국 이번 일은 학교에서 지도하는 것으로 마무리되었다.

동민이가 욕을 적었다는 직접적인 증거는 없지만, 몇 가지 심증은 있었다. 첫 번째는 책상 위에 있던 종이의 글씨체가 동민이 글씨와 비슷하다는 점이다. 두 번째는 전체 아이들에게 이 일을 이야기할 때, 동민이가 유독 고개를 들지 못하고 있었다는 점이다. 아이는 창백한 얼굴로 표정 없이 앉아있었다. 하지만 그것만으로 동민이에게 "그 글을 네가 썼지?"라고 물을 수는 없었다. 아이에게 '나쁜 낙인'을 찍는 일이 될 수 있기 때문이다.

'아이들은 언제든지 실수를 할 수 있다. 실수한 아이도 교육을 통해 교정받을 권리가 있다.'

한 가지 행동만으로 아이를 판단해서는 안 되지만, 그렇다고 해서 일어난 일을 그냥 넘어갈 수도 없다. 일단 책상 위에 부정적인 말을 적어놓은 아이를 찾아야 했다. 심사숙고 끝에 '쪽지를 쓴 사람이 누구인지 알아내면서도, 아이의 이름을 공개하지 않는 방법'을 생각했다.

"선생님이 여러분에게 줄 쪽지를 만들었어요. 그 종이에는 여러분의 이름이 적혀 있을 거예요. 이름에 동그라미를 모두 해주세요. 하지만 쪽지를 쓴 친구만 동그라미를 진짜로 하고, 아닌 친구는 연필로 동그라미를 하는 척만 해주세요. 그리고 그 종이를 세 번 접어서 교탁에 제출하면 됩니다. 너무 쉽죠?"

"네, 선생님!"

"그리고 제출하기 전에 한 가지 더 이야기할 게 있어요. 사람은 누구나 잘못이나 실수를 할 수 있어요. 오늘 이 일을 한 친구도 사실대로 표시해 줬으면 좋겠어요. 솔직한 친구는 충분히 이해받을 수 있으니, 자신이 한 행동을 인정하고 정직하게 동그라미 표시를 해주세요. 선생님은 여러분을 믿어요. 자, 이제 종이를 나눠줄게요."

동민이는 여전히 고개를 들지 못했다. 그 모습을 보며 나는 마음으로 기도했다.

'동민아, 제발 용기를 내. 자신이 한 행동을 솔직하게 인정하면 돼. 너는 이 일을 통해 분명히 더 성장할 거야.'

아이들을 집에 보낸 후, 쪽지를 하나하나 열어봤다. 두근거리는 마음으로 쪽지를 펼치던 중, 동민이의 이름이 적힌 쪽지를 발견했다. 그리고 동민이의 이름에 동그라미가 그려져 있었다. 내 가슴에서 안도의 숨이 나왔다. 그 짧은 순간, 고민했을 동민이를 생각하니 눈꺼풀이 떨려왔다. 아이가 성장하려면 이런 과정이 필요하다. 동민이에게 고마웠다. 순간이지만 자신이 한 실수를 인정하고 잘못을 반성할 때 아이는 성장한다.

나는 휴대폰을 꺼내 동민이에게 바로 문자를 보냈다.

'동민아, 선생님이야! 오늘 네가 동그라미를 표시한 쪽지를 봤어. 솔직하게 표시해 줘서 고마웠어. 선생님이 칭찬할게. 주말 잘 보내고, 월요일에 만나자.'

눈물이 핑 돌았다. 그리고 온라인 알림장을 썼다.

'선생님이나 부모님에게 꾸중을 들을 일도 생길 수 있습니다. 그럴 때는 잘못을 인정하고, 다시 같은 실수를 하지 않겠다고 다짐하면 됩니다. 속상한 마음을 오래 간직할 필요는 없어요. 이 과정을 잘하면 멋진 어른이 될 수 있습니다.'

오늘도 우리 아이들은 한 걸음 성장했다. 고맙다, 얘들아!

* PS.

"그런데 선생님, '절규'는 뭐예요?"

"아….''

며칠이 지난 후, 책상의 주인인 지민이가 내게 와서 이렇게 물었다. 이 아이는 동민이가 쪽지에 쓴 '절교'라는 단어의 뜻을 몰랐다. 학교에 근무하다 보면 가슴을 쓸어내리는 순간이 있다. 바로 이런 때다. 얼마나 다행인지.

친구랑 친해지고 싶어요

"여러분이 앉고 싶은 자리에 이름을 적어보세요."

일주일 후에 전세버스로 가을 현장 체험학습을 떠난다. 아이들은 체험학습 날 타고 갈 버스에서 누구랑 짝을 맞춰서 앉을 것인지에 대해 바쁘게 이야기하고 있다. 2시간 가까운 시간을 버스라는 좁은 공간에서 간식을 먹고, 이야기도 나누어야 하니 얼마나 설레고 중요한 일이겠는가. 오늘이 바로 그 자리를 결정하는 날이다. 아침부터 한껏 들떠 있는 아이들을 진정시키느라 내 손과 마이크가 바빴다.

"조용, 조용히 좀 해봐요."

아이들은 내 말이 귓전에 들리지 않는가 보다. 들뜬 아이들의 모습이 귀여워 혼자 피식 웃어버렸다. 전자칠판에 빈 좌석표를 띄웠다.

"이제 이름을 적어볼까? 칭찬 점수가 높은 친구부터 나와서 자기가 앉고 싶은 자리에 이름을 적어보세요."

"에…."

"당연히 그래야지. 칭찬을 많이 모은 친구에게 혜택을 주는 거잖아. 잘 알면서 왜 그러니?"

"네, 알겠습니다."

우리 반 아이들은 투덜거리면서도 내 말을 잘 따라준다. 한 명씩 칠판 앞으로 나와서 신중하게 자리를 선택하느라 시간이 길어졌다. 이미 같이 앉기로 말을 맞추어 놓은 아이들은 서로의 눈을 보며 원하는 자리에 이름을 적는다. 그런 모습이 마치 작전 수행 중인 첩보원 같아 보였다. 이런 것도 아이들이 배워야겠거니 여기며 별다른 규제는 하지 않았다. 그런데 아린이가 이름을 적고 나서 옆자리가 한참 동안 비어 있었다. 드디어 한 아이가 자신의 이름을 그 빈자리에 적었다. 그 아이는 채아였다. 채아는 평소에 밝고 적극적인 아이다. 아린이와는 반대의 성격이어서 나는 속으로 다행이라고 생각했다. 자기 이름을 적은 채아는 아린이를 힐끗 쳐다보고는 자기 자리로 돌아갔다. 자리 선택을 한 후부터 둘은 복도와 운동장, 교실에서 줄곧 붙어 다녔다. 그 모습을 보고 나는 이렇게 생각했다.

'오늘 아린이에게 드디어 절친이 생겼구나.'

올해는 4학년 담임을 맡았다. 4학년은 저학년에서 이제 막 고학년으로 접어드는 시기다. 이때쯤 아이들의 말수가 부쩍 적어진다. 아이가 무슨 생각을 하는지 파악하기가 어려워 학교에서는 교사,

집에서는 부모님의 관심이 더 필요하다. 이 시기에 아이들은 새로운 친구를 사귀는 것을 어려워한다. 이미 저학년에서 형성된 친구의 무리가 있다면 그 사이를 새로운 아이가 비집고 들어가기가 힘들기 때문이다. 그래서 가능하면 '초등학교 저학년 때 전학하는 게 좋다'라는 말이 있을 정도다. 물론 이 말이 절대적인 것은 아니다. 아이에 따라서는 고학년에 전학을 가도 새로운 학교에 잘 적응할 수 있으니 지나친 걱정은 하지 말자. 우리 반에도 전학을 온 아이가 두 명 있다. '남모를 어려움은 없을까?' '친구는 잘 사귀고 있나?' '따돌림을 당하는 건 아니겠지?' 등의 생각을 하면서 그 아이들을 살핀다. 담임교사의 관심이 전입생의 적응에 상당히 영향을 미치기 때문이다.

아린이는 수업시간에 집중하려고 노력하고, 주어진 과제에 최선을 다하지만, 이해가 느린 학생이다. 다인수 학급에서 아린이만 개인적으로 더 봐준다는 것이 쉽지 않다. 이런 상황이 아이의 자신감을 더 떨어뜨리게 만들기도 한다. 아린이는 목소리가 작아서 발표할 때 "잘 안 들려요"라는 말을 친구들에게 자주 듣는다. 그러면 기운이 빠진 얼굴로 자기 자리에서 조용히 고개를 떨구고 서 있다. 나는 "너희들이 집중해서 들으면 아린이의 목소리가 더 잘 들리겠지?"라고 한다. 이 말이 아린이에게 힘이 되었으면 좋겠다는 생각에서다.

"선생님, 저 오늘도 남아서 공부하고 가도 돼요?"

아린이는 4학년이 되면서부터 거의 매일 나와 같이 남아 공부해

왔다. 그렇게 노력한 덕분에 조금씩 수학에 흥미를 느끼기 시작했다. "오늘은 남지 말자"라고 말하면 실망이 가득한 눈빛으로 나를 쳐다본다. 아린이의 그런 모습이 안타까워서 "그래, 조금만 하고 가자"라고 나는 다시 시간을 낸다. 이런 시간이 거의 일 년 동안 반복되었다.

"저는 집에 가면 수학을 가르쳐줄 사람이 아무도 없어요"라고 하면서 무조건 교실에 남아서 공부를 다 하고 가는 아린이를 보면 기특한 마음이 든다. 그리고 어떤 일이든 노력하면 잘할 거라는 발전 가능성도 엿본다. 하지만 친한 친구를 사귀지 못한 아린이에게 늘 신경이 쓰였는데, 오늘은 그 문제가 한 방에 해결된 것이다.

채아는 한 달 전 우리 반으로 전학을 온 아이다. 채아가 자신의 밝고 적극적인 에너지를 아린이에게도 넘겨주길 바란다. 채아가 미소를 살짝 지으며 자기 이름을 아린이의 옆자리에 적는 모습에 내 가슴도 벅차올랐다. 아이들이 앉은 자리 쪽으로 돌아보면서 채아와 눈이 마주쳤다. 미소 짓는 그 아이의 얼굴이 예뻐 보였다.

'나 너랑 친해지고 싶어.'

'오늘부터 1일이야.'

채아는 아린이에게 이 말을 전하는 것 같았다. 우정이란 이렇게 싹트는 것이다.

어떻게 말하면
친구와 다투지 않을까?

"네가 내 앞에 뛰어들었잖아."

"왜 소리를 지르는데. 흑흑흑."

수업이 끝난 후, 우리 반 아이들은 정리 정돈을 하고 있었다. 정리가 빨리 끝나는 순서대로 한 줄을 서고, 그 줄대로 하교하는 것이 우리 반의 약속이다. 그런데 줄을 서고 있는 아이들 사이에서 소란스러운 소리가 들렸다. 청소 검사를 하던 중, 나는 그쪽으로 고개를 돌렸다. 그랬더니 해미는 울고 있었고, 수철이는 화난 얼굴로 양손을 허리에 올린 채 해미를 노려보고 있었다.

순간, 상황이 심각하다는 걸 알았다. 더 이상 다치거나 일이 커지지 않도록 두 아이에게 다가가서 물었다.

"무슨 일이니?"

"해미가 제 앞에 갑자기 들어왔어요."

"둘 다 선생님 책상 앞으로 올래?"

내 말에 두 아이는 놀란 표정을 지었다. 먼저 말을 나누기 좋은 환경을 만들기 위해 두 아이를 차분하게 의자에 앉혔다. 그런 다음 번갈아 가며 눈을 마주쳤다.

"무슨 일인지 자세히 말해줄 수 있겠니?"

사태의 전개는 이랬다. 청소를 끝낸 해미, 민수, 수철이가 줄을 서 있었다. 이 세 명은 순서대로 서 있었고, 민수의 자리가 깨끗하지 않아서 불합격을 받았다. 청소에 불합격을 받으면 이름이 불린 아이는 다시 검사받아야 한다. 그래서 민수의 자리가 비었고, 민수의 뒤에 서 있던 수철이가 그 자리에 갔다. 그런데 수철이는 민수 앞에 해미가 있다는 사실을 몰랐다. 민수에게 가려져 해미를 보지 못했기 때문이다. 수철이 입장에서 갑자기 해미가 자기 앞에 뛰어 들어온 것처럼 느꼈던 것이다.

상황을 정리해 보면 누구나 이해할 수 있을 것이다. 그런데 왜 둘은 싸우고 있는 걸까?

그 순간, 수철이는 해미에게 고래고래 소리를 질렀고, 해미는 갑작스러운 상황에 눈물을 흘리며 가만히 서 있었다. 수철이는 더 어이가 없고 화가 나서 해미의 가방을 때리기까지 했다.

이 다툼은 오해와 소통 부족에서 비롯된 것이다. 서로 상황을 잘 설명했다면 싸움은 일어나지 않았을 것이다. 나는 두 아이의 설명을 듣는 순간 웃음이 나왔다.

어른들도 가끔 이런 상황을 겪는다. 불편한 상황에서 상대방의 말을 듣지 않으면 화가 나는 일이 자주 생긴다. 더욱이 상대방의 말을 듣지 않고 자기 말만 한다면 일이 커지기 마련이다. 아이들도 마찬가지였다. 두 아이는 서로의 이야기를 들어줄 여유가 없었기 때문에 수철이는 화가 나고, 해미는 울음을 터뜨렸다.

"해미야, 갑자기 수철이가 네 가방을 때려서 놀랐겠구나."

해미는 계속 울먹였다. 수철이도 씩씩거리며 흥분을 가라앉히지 못했다. 둘 다 화가 나서 눈이 빨갰다. 자신의 의견이 잘못 전달될까, 걱정했는지 서로의 말을 끊으면서 계속 이야기를 이어갔다.

"그럴 때는 자기 생각을 말로 전달하는 게 좋을 것 같아. 소리를 지르거나 가방을 때리는 행동은 잘못된 거지? 너희는 어떻게 생각해?"

"지금 생각해 보니 그런 것 같아요."

이제 해미에게 말을 걸었다.

"해미야, 수철이가 민수에게 가려져서 널 못 본 것 같아. 그럴 때는 어떻게 말하면 좋을까?"

"아까부터 내가 여기 서 있었어. 네가 못 본 것 같다고 말해야 해요."

"그래, 그렇게 말하면 다투지 않고 자기 생각을 전달할 수 있겠지. 어떤 상황이 오더라도 꼭 말로 자기 의사를 표현해 보자."

해미와 수철이는 서로 사과의 말을 건넸다. 인성이 말랑말랑한 아이들은 언제나 교사가 지도하는 대로 잘 따라준다. 이것은 아이들만의 강점이자 어른들보다 더 나은 점이기도 하다.

자신의 감정을 말로 표현하는 것은 아이들이 익혀야 할 중요한 부분이다. 오늘, 이 아이들은 바로 그 중요한 한 가지를 배운 셈이다.

"잘했어!"

선생님도 어릴 적에
나머지 공부를 했어

"이제 몇 문제 남았지?"

"세 문제 남았어요."

재민이는 수업이 끝난 후 가방을 챙긴다. 하지만 오늘은 수학 공부를 더 해야 한다. 수업 시간에 다 풀지 못한 문제들이 남아 있기 때문이다. 우리 반에서는 수업 과제를 다 못 끝내면 남아서 끝낸 후 검사를 받고 가야 한다.

나도 초등학교 때 교실에 남아 공부했던 기억이 있다. 그때는 지금처럼 학원에 다니는 아이들이 많지 않았다. 나도 가정 형편 때문에 학원을 다니지 못했다. 그래서 구구단이 무엇인지도 몰랐다. 담임 선생님께서 한 명씩 구구단 검사를 하셨는데, 나는 통과하지 못했고, 수업이 끝난 후 교실에 남아 선생님과 함께 구구단을 외워야만 했다. 지금은 교사가 아이에게 나머지 공부를 시키려면, 그 전에 아이의 하교 후 일정을 확인해야 하지만, 내가 어릴 적에는 대부분 별다른 일정이 없어 나머지 공부를 할 수 있었다. 구구단을 외우지 못했던 나도 선생님과 몇 번 남아서 공부하니 금세 구구단이 머릿속에 들어왔다. 이런 경험 덕분인지 나는 나머지 공부를 긍정적으로 생각한다. 특히 가정에서 공부를 도와줄 사람이 없는 경우, 아이가 남아서 공부하는 것이 필요하다고 느낀다.

수업 중 과제를 끝내는 데 걸리는 시간은 아이의 학습 정도에 따라 다르다. 대부분 수업 시간 내에 과제를 마치지만, 그렇지 못한 아이도 있다. 만약 다 못한 과제를 그냥 두면 학습 부진으로 이어질 수 있다. 그래서 나는 아이들이 과제를 끝까지 할 수 있도록 최대한 독려한다. 그리고, 과제를 다 마친 친구에게는 반드시 칭찬한다. 이는 아이들이 다음에도 끝까지 하려고 노력하길 바라는 마음에서다.

'지속성과 칭찬'은 학급을 경영하면서 아이들을 변화시키는 나만의 방법이다.

가끔 1:1로 남아서 공부하는 것을 꺼리는 아이가 있다. 그 이유 중 하나는 혼자 남는 상황이 부담스러워서이다. 그럴 때 나는 이렇게 이야기한다.

"선생님도 어릴 적에 나머지 공부를 한 적이 있었어. 시간이 부족하면 조금 더 남아서 공부할 수 있는 거야. 남는다고 해서 부끄러워하지 않았으면 좋겠어. 오히려 자기가 맡은 일을 끝까지 마무리하는 것은 정말 중요한 배움이란다. 오늘은 재민이도 선생님과 함께 과제를 끝내 보자."

"재민아, 오늘 과제는 다 했어?"

"아, 맞다."

머리를 긁적이며 대답하는 재민이는 오늘 하루 종일 한 개의 과제도 하지 않았다. 무슨 이유인지 집중이 잘되지 않았던 듯하다. 오늘 수업은 5교시까지였지만, 그 시간 동안 아무것도 하지 않았다. 이렇게 되면 하교가 어려워지는데 이 사실을 전하자, 재민이는 30분도 안 돼 밀린 과제를 모두 끝냈다. 이것이 바로 아이의 잠재력과 집중력이다.

"잘 가, 내일 보자."

재민이는 번개같이 과제를 마치고, 내게 손을 흔들며 교실을 나섰다. 약간의 불편함을 감수하고 끝까지 해냈을 때 얻는 칭찬과 성취감이 아이를 성장시킨다. 변화에 걸리는 시간은 아이마다 다르지만, 어른들은 그 시간 동안 아이를 믿고 기다려야 한다.

'너희들은 뭐든 할 수 있어.'

'이대로 계속 해보자.'

'선생님은 너희를 믿는다.'

아이들에게는 이런 격려가 필요하다.

희민아,
선생님은 너를 믿어

"이거 아니란 말이야."

승아의 소리가 교실을 흔들었다. 모둠 활동을 하던 중, 아이는 자신이 들고 있던 연필을 교실 바닥에 힘껏 던져버리고 고래고래 소리를 지른다. 마음에 들지 않는 일이 생긴 모양이다.

"승아야, 수업 시간 중에 그렇게 소리 지르면 안 돼. 무슨 일이니?"

"희민이가 모둠 활동에서 자기가 할 일을 하지 않고 다른 걸 하고 있었어요. 그러면 안 되죠."

승아의 말을 들어보니 충분히 화가 날 만한 일이었다. 나는 시끄러운 소리가 난 모둠이 있는 쪽을 쳐다봤다. 아니나 다를까, 자주 수업에 집중하지 않고 혼자서 뭔가를 하던 희민이는 그 시간에도 모둠 활동과는 상관없는 일에 빠져 있었다. 이를 본 모둠 친구들은 희민이에게 "제대로 좀 하자"고 말했다. 그 말을 듣고도 희민이는 달라지지 않았다. 하지만 모둠 친구들은 그냥 두고 볼 수 없었다. 왜냐하면 모둠 활동이 제시간에 끝나지 않으면 전체 모둠원이 방과 후에 남아서 나머지 공부를 해야 했기 때문이다. 이 사실을 아는지 모르는지, 희민이의 딴짓은 계속됐다. 그 모습을 보고 화가 난 승아가 소리친 것이다.

"희민아, 지금 뭐 하고 있는 거지? 모둠 활동에 참여해야지."

"네."

희민이는 아이들과 나의 말에 영혼 없이 대답했다. 그 정도의 꾸중에 이미 진력이 난 모양이다. 변할 마음도 없고, 이유도 모르겠다고 할 정도였다. 무엇이 이 아이를 이토록 무기력하게 만든 걸까? 나는 희민이를 잠시 앞으로 불렀다.

"희민아, 모둠 활동에서 혼자 다른 걸 하는 건 잘못된 일이란다. 그러니, 같이 모둠 활동에 참여해야지."

"네."

"선생님은 희민이가 어디를 가더라도 자신이 해야 할 일을 잘 챙겨서 해나가는 아이로 자라기를 바란다. 그러니, 지금 선생님 말을 잘 들어주면 좋겠어."

이 말에 아이의 마음이 움직였을까? 갑자기 희민이의 눈빛이 달라졌다. 그 후, 아이는 조금 전과는 다른 느낌의 목소리로 나에게

"네"라고 대답했다. 변화의 시작이었다.

난 이럴 때 아이에게 기대한다. '조금은 달라지겠지. 달라질 거야'라고. 내가 그렇게 생각하는 것만으로도 아이에게는 도움이 된다. 나는 '아이에게 교사가 거는 기대감이 그 아이를 얼마나 변화시킬 수 있는지'를 알고 있다. 그리고 그 희망의 끈은 다음 학년으로 아이를 보내는 그 순간까지 절대 놓지 말아야 한다. 적어도 아이를 변화시키려 한다면 말이다. 희민이에 대한 지난 기억을 지우고, 앞으로 아이가 보여줄 좋은 행동에 대한 기대로 내 머릿속을 채운다. 그래야 희민이가 조금이라도 빨리 달라질 수 있다.

교사는 아이들의 변화를 위해 그들과 이야기를 나누고 기다려야 한다. 나는 그걸 믿는다. 아니, 믿어야 한다. 믿음이 아이를 변화시킬 테니까.

초등학교 4학년에게는
피구가 진리다

"선생님, 우리 3교시에 피구해요."

'피구'는 학교에서 손쉽게 할 수 있어서인지 아이들이 가장 좋아하는 구기 종목 중 하나다. 오늘 시간적인 여유가 있어서 "창체 시간에 피구 한판 어때?"라고 말하자, 아이들이 재빠르게 움직였다. 순식간에 자리 청소를 끝내고 바닥에 먼지 하나 없이 정리한다. 그리고 한마디도 하지 않고 각자의 자리에 앉아서 내가 무슨 말을 할지 기다린다. 이 시각, 우리 반의 투덜이들은 다 어디로 갔을까? 피구하기로 예약되면 그날 체육 시간은 한 시간으로 부족하다. 세트 경기를 두세 판은 해야 아이들의 승리욕이 채워지기 때문이다.

"왜 짜증을 내는데?"

"네가 먼저 짜증 냈잖아."

"공은 달라니까 왜 안 주냐고."

"내가 줄려고 했는데, 왜 그러냐고."

피구가 끝날 때면, 영락없이 몇몇 아이들이 고집을 피우며 다투게 된다. 오늘도 마찬가지였다. 우리 반의 호건이가 피구하다 말고 울면서 강당 안을 뛰어다닌다. 그런데도 화가 풀리지 않는지 한쪽 다리로 강당 바닥을 쾅쾅 굴리며 고래고래 소리를 지른다. 그가 중얼거리는 말을 듣고, 나는 인재와 호건이를 불러냈다.

"이제 너희들이 다툼을 멈췄으면 좋겠어."

내 말이 두 아이의 귀에 전혀 들리지 않는 모양이다. 호건이와 인재는 끝까지 고집을 피웠다. 결국 두 아이 때문에 피구는 한 시간을 채우지 못하고 끝났다. 우리 반 아이들은 모두 강당을 떠나 교실로 향했다. 그렇게 교실에 와서도 두 아이는 씩씩거리며 고집을 피우고 서로에게 화를 낸다.

"너희들 둘 다 자기의 잘못은 없다고 생각하니?"

단호하게 묻자, 두 아이의 표정이 굳어졌다. 그러더니 둘은 이렇게 말했다.

"화를 내고, 짜증을 부린 것은 잘못했어요."

"그래, 그렇게 말해주니 고맙구나. 게임을 하는 건 규칙을 지키고, 주어진 결과를 받아들이는 것도 포함되는 거란다. 그리고 상대방이 언짢은 행동을 하면 무작정 반격하기보다는 자기 생각을 말로 풀어야 해. 다음부터는 그렇게 할 수 있지?"

다행히 두 아이는 내 말에 수긍했고, 상황은 간단히 정리되었다. 흥분하고 화를 내긴 했지만, 오늘의 이 일로 아이들은 달라질 것이다. 이렇게 아이들은 피구하며 땀을 흘리고, 때로는 다투기도 하면서 자신의 화를 다스리고 친구와 화해하는 법을 배운다. 체육 한 시간이 뭐라고! 피구를 끝낸 아이들은 한껏 에너지가 차올라 기분이 좋아 보였다. 너희들이 좋으니, 나도 좋다. 초등학교 4학년에게는 '피구가 진리다.'

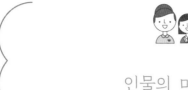

인물의 마음을
만화로 표현하기

"이제 자리에 앉아 볼까요?"

국어 시간이 시작됐다. 오늘의 활동 주제는 '인물의 마음을 표현하는 방법을 생각하며 재미있었던 일을 만화로 나타내기'다. 이 수업을 준비하면서 평소에 '만화를 읽지 말라'는 말을 하지 않기를 잘했다는 생각이 들었다.

사실, 4학년 아이들이 독서 시간에 만화책을 읽고 있는 모습을 보면 두 가지 생각이 든다.

'만화책을 못 보게 해야 할까?' 아니면 '책을 잘 안 읽는 아이가 만화책이라도 읽는 건 다행 아닌가?'

고민 끝에 내가 내린 결론은 이렇다.

'공식적으로는 줄글을 읽도록 지도하자. 하지만 독서를 어려워하

는 아이들에게는 만화라도 읽으라고 응원하자!'

생각해 보면, 만화를 읽어본 적 없는 아이가 만화를 그리는 건 애초에 불가능한 일이다.

이번 활동에서 '인물의 마음을 만화로 표현하기' 위해서는 말과 행동, 표정, 그리고 말 주머니의 모양 같은 요소를 잘 살펴야 한다. 이 점을 효과적으로 알려주기 위해 나는 미리 관련 동영상을 준비해 두었다. 수업 시간에는 동영상을 보여주며 필요한 부분마다 중간중간 설명을 덧붙였다.

'이 정도로 설명하면 아이들이 이해할까?'

교실은 다양한 인지 수준을 가진 아이들이 함께 모여 있는 곳이다. 그래서 항상 이런 고민을 한다. 설명할 때는 아이들의 눈빛과 반응을 살피면서 진행한다. 아이들이 고개를 끄덕이며 반응하면 다음 내용으로 넘어가고, 그렇지 않으면 조금 더 보충 설명을 한다. 다행히 이번에는 아이들이 대체로 잘 이해한 듯했다.

4컷 만화의 양식을 A4용지에 인쇄해 나눠주었다.

"4학년 동안 가장 재미있었던 일을 떠올려보자."

교과서에는 만화 내용을 간단히 정리할 수 있는 양식이 이미 그려져 있었다. 아이들은 교과서를 활용해 장면을 정리하기 시작했다. 나는 교실을 돌아다니며 아이들이 잘 따라오고 있는지 확인했다. 대체로 어려움을 느끼는 아이는 없어 보였다. 내용 정리가 끝난 아이들은 나눠준 용지에 만화를 그리기 시작했다. 네 칸에 연필로 스케치하고 채색해 완성하는 방식이었다.

"오늘은 색칠까지는 안 해도 돼요."

"좋아요!"

색칠에 대한 부담이 줄어들자, 아이들의 작업 속도도 눈에 띄게 빨라졌다. 과제를 마친 아이들은 한 명씩 작품을 들고나와 내게 보여주며 확인을 받았다.

아이들의 작품은 예상보다 훨씬 뛰어났다. 이런 순간마다 나는 감탄한다.

'뭘 해도 너희는 나보다 낫구나.'

'아이들은 정말 천재야.'

아이들은 마치 '알려주는 대로 흡수하는 스펀지' 같다.

"잘했어."

오늘 아이들은 재미있었던 추억을 떠올리며 만화를 그렸다. 이 시간이 아이들에게 행복한 기억으로 남았으면 좋겠다.

노래와 율동이 흐르는 교실

"오늘의 일일 천사는 나와 보세요."

두 명의 아이는 전자칠판 화면에서 오늘 친구들과 함께 할 율동 음악을 찾고 있었다. 그중 한 아이가 고개를 갸우뚱거리며 고민하다가 동영상 하나를 골라 클릭했다.

"000 틀어 줘~~"

"기다려 봐!"

자기가 원하는 음악을 틀어달라고 소리치는 아이도 있었다. 사실 다른 아이들의 요구를 들어주지 않아도 일일 천사는 그 누구의 원망도 듣지 않는다. 왜냐하면 오늘 하루는 자기 마음대로 음악을 선택할 수 있는 권한을 부여받았기 때문이다. 우리 반에서는 코로나로 인해 줄어든 놀이 시간을 '3반 중간 교실 율동'으로 채우고 있다.

3교시가 시작되면 '10분' 정도의 시간을 할애해 교실에서 음악에 맞춰 율동한다. 그리고 그 활동에 사용될 음악을 그날의 일일 천사가 선택하게 되는데, 다른 아이들은 그 선택에 걸리는 시간 동안 잠시 기다려야 한다.

처음 이 활동을 시작할 때는 시큰둥한 반응을 보이는 아이도 있었다. 하지만 이제는 아이들 대부분이 적극적으로 참여한다. '떡 본 김에 제사'가 아니라 '일어선 김에 흔들어 보자'라는 기분으로 온몸을 가만두지 않는다. 내성적이어서 말소리도 들리지 않던 아이까지 입과 눈꼬리를 올리며 온몸을 흔들고 노래를 부른다. 물론 아직도 그런 동작과 노래가 어색한 몇몇 아이는 수줍은 모습으로 참여하지만, 그러면 어떤가. 그 또한 자신의 고정된 틀을 깨는 과정이니 나는 '그런 아이의 모습도 매우 좋다'고 생각한다. 아이들에게 음악을 틀어주고 듣다 보면 나도 어깨를 덩실거린다. 이런 내 모습을 누가 볼까 민망스럽기는 하지만 '즐거우면 그만이지'라고 너스레를 떨어본다.

"너희들 혹시 이 노래 아니?"

"모르겠어요."

"그러면 혹시 이 노래는?"

"모르겠어요."

"어머나, 너희들은 왜 이렇게 노래를 모르니?"

"저희는 동요를 진짜 안 불러요."

"그래? 그럼, 올해는 선생님과 동요를 많이 불러보자."

오늘은 아침부터 하늘이 흐리고 부슬비가 내리길래 이런 날씨와 어울리는 곡 '달팽이의 하루'를 찾아 틀었다. 달팽이 한 마리가 느리게 걸어가는 모습을 그린 가사와 그에 걸맞은 멜로디가 적절히 흐르는 영상이었다. 처음 듣는 곡이라도 두 번 정도 동영상을 보여주면 아이들은 작은 소리로 흥얼거린다. 처음에는 작은 소리로 부르고, 세 번째부터는 조금 더 큰 소리로 부르면 아이들은 자신감을 가지며 그 곡을 배우게 된다. 멜로디를 습득하기 전에 가사를 여러 번 반복해서 아이들과 읽어보는 것도 곡을 파악하는 데 도움이 된다.

"선생님, 노래가 너무 좋아요."

"그렇지? 비 오는 날에는 역시 달팽이의 하루지."

"다음에도 비 오는 날에 이 노래 불러요."

"그래. 그러자."

학교에 근무하면 쉴 새 없이 뭔가를 하는 아이들을 본다. 아침부터 늦은 오후 시간까지 바쁘다. 그래서 나는 아이들이 학교에 오면 좀 쉬게 하고 싶다. 이런 의도에서 우리 반에서 하는 '3반 중간 교실 율동'이 아이들에게 요즘 말로 '힐링의 시간'이 되었으면 좋겠다.

노래를 부르기 위해서는 복식호흡으로 입을 열어 소리를 밖으로 내야 한다. 처음에는 어색해서 소리가 잘 나지 않는다. 그래서 아이들에게 발성과 호흡에 대한 충분한 지도가 필요하다. 이를 위해 한 명씩 친구들 앞에서 발표할 기회를 주면 처음에는 '시험을 치는 듯'

한 느낌이 들어 살짝 거부감을 보인다. 그러나 편안한 분위기를 만들면 아이들은 웃으면서 발성과 호흡을 익히게 된다. 노래의 핵심 요소인 이 두 가지만 터득하면, 그다음부터는 모든 노래가 가사만 배우면 부를 수 있는 즐거운 놀이가 된다.

"선생님, 또 다른 노래도 가르쳐 주세요."

"저 노래도 부를래요."

아이들은 동영상 사이트에 추천된 영상 중에서 자신이 부르고 싶은 노래 제목을 큰 소리로 말한다. 아이들의 신청곡을 마감하는 데에는 나의 강단이 필요하다. 쭈뼛거리던 아이들까지 밝은 표정으로 노래하는 모습을 보면, 마치 '겨울에 얼었던 강물이 봄볕을 맞아 녹아내리는' 것 같다. 아침부터 늦은 시간까지, 아니 하루 종일 무력감을 느낄 아이가 있다면, 노래를 통해 행복을 배웠으면 한다. 혹시 걱정이나 힘든 기억이 있다면, 그것들을 훌훌 날려 보냈으면 좋겠다. 모든 게 희망으로 바뀌기를 바란다.

"선생님과 함께 부른 이 노래 가사처럼, 너희는 무엇이든 할 수 있어."

가을을 주워 봤어요

초등학교 2학년에는 '가을'이라는 교과목이 있다. 이 시간에는 가을과 관련된 풍습과 모습을 배우고, 관련된 노래와 율동도 함께 한다. 아이들은 추석의 음식과 풍습을 배우며 우리나라에 대해 더 잘 이해하게 된다.

다채로운 가을을 아이들과 함께 보내고 싶어서 오늘은 운동장으로 나갔다. 교정 구석구석 떨어진 낙엽들이 서로 몸을 부딪치며 바스락거리는 소리를 낸다. 아직 꺼지지 않은 물 분수대의 물소리와 날아다니는 나비와 벌들이 여름의 정취를 남기고 있다. 가끔 벌이 교실로 들어오면 아이들은 소리를 지른다. 마치 무슨 일이 날 것처럼.

"괜찮아. 선생님이 벌을 잡아줄게."

"여기요, 여기로 날아갔어요."

바들바들 떨면서도 벌이 날아간 자리를 말해주는 아이들을 보면, 그 모습이 귀여워 절로 웃음이 나온다. 사실 나도 무섭기는 아이들과 다를 바 없지만, 그래도 교실에서 유일한 어른인 나는 그 벌을 잡아야 한다. 조금 큰 벌이 들어오는 날엔 나도 도망가고 싶어진다. 아이들은 절대 모를 선생님의 마음이다.

"저 나무 옆으로는 가지 말자. 아직 벌이 있어."

"네, 선생님."

이번 시간에 아이들은 낙엽을 수집해서 관찰해야 한다. 낙엽이 다양한 색과 모양을 지니고 있으면 더 좋다. 아이들은 미리 챙겨온 지퍼백을 꺼내고 손에 비닐장갑을 낀 후, 모둠별로 원하는 장소로 가서 관찰 학습을 한 뒤, 마음에 드는 낙엽을 발견하면 지퍼백에 넣는다.

"빨간색이 많이 없어요."

"저기에 단풍나무가 보이지? 그 근처로 가면 있을 거야."

"아, 맞네요."

"얘들아, 저기에 있어. 가 보자."

누구라도 한마디를 하면, 그 소리가 그치기도 전에 아이들은 마치 보물이라도 발견한 듯 우르르 몰려간다. 그리고 누가 먼저 주울지 몰라서인지 모두 얼른 낙엽을 줍는다. 그렇게 약 20분 정도가 지났다. 낙엽 수집 시간이 끝나고, 이제 교실로 돌아가야 한다. 하지만 아이들은 바깥 수업이 좋아서인지 들어가자고 하는 내 말을 듣고 금세 시무룩해진다. 그때 한 아이가 물었다.

"선생님, 여기 운동장에 있는 놀이 기구에서 조금만 놀다가 들어가면 안 될까요?"

'왜 안 되겠어? 나도 너희들이 노는 모습이 보고 싶은데'라고 생각하며 아이들에게 놀이 시간을 주기로 했다.

"10분만 놀자."

"네~~~"

내 말에 한껏 신이 난 아이들은 팀을 짜서 놀이를 시작했다. 미끄럼틀 위에 올랐다가 내려오고, 시소에 올라 서로의 몸무게를 비교한다. 어른용 운동기구에 올라선 아이들은 제법 어른 흉내를 낸다. 허릿살을 빼겠다고 허리를 단련시키는 기구를 돌리는 아이도 있다.

'깔깔깔, 호호호.'

교실에서는 듣기 어려운 목소리가 들린다. 그 큰 소리도 운동장에서는 용납된다.

"이제 들어가자."

"에이, 더 놀면 안 돼요?"

놀이를 끝내기 아쉬운 아이들이 내게 웃음 섞인 애교를 부린다. 결국 더 놀고 싶어 하는 아이들을 데리고 교실로 들어갔고, 운동장에서 주운 나뭇잎을 책상 위에 올려놓게 했다.

"이제 나뭇잎으로 꾸미기를 해볼까요?"

"네, 얼굴을 꾸며도 되죠?"

"그럼, 당연하지. 주제는 다양하게 정해 보세요."

"나는 공룡을 꾸밀 거야."

나뭇잎으로 꾸미는 방법과 소재는 다양하다. 아이들은 보여주는 몇 가지 영상을 보더니 금세 아이디어를 낸다. 이럴 때 보면 '아이들이 나보다 더 낫다'는 생각이 든다. 아이들은 나뭇잎을 가지고 얼굴을 꾸몄다. 그 외에도 자동차, 기린, 공룡 등 다양한 모양을 만들었다.

"와, 너무 잘했다."

"제 것도 봐주세요. 선생님."

"와, OO이도 잘했네."

한 명의 아이가 칭찬을 받으면 다른 아이들도 함께 몰려나온다. 역시 칭찬은 아이를 변화시킨다.

학교에 와서 교실에서만 수업하는 것보다는 오늘처럼 장소를 옮겨서 수업하는 것이 좋다. 요즘 아이들 대부분은 학교에서 수업이 끝나면 바로 하교하지 않는다. 그러니 학교에서는 다양한 활동을 하고, 공부하는 장소에도 변화를 주고 싶다. 그렇게 해서 아이들이 학교에서 더 많은 행복을 느끼길 바란다.

"오늘은 어땠니? 다음 주에도 또 행복하게 지내자."

선생님이 산타할아버지예요?

"선생님이 산타할아버지예요?"

영어실에서 돌아온 아이들이 교실로 들어오며 갑자기 물었다. 몇 명이 던진 예상치 못한 질문에 나는 잠시 당황했다.

'웬 산타할아버지?'

이번 주 일요일은 크리스마스다. 그래서, 영어 시간에 선생님께서 산타할아버지에 대해 이야기하셨나 보다. 그렇다고 나한테 이런 질문을 하는 건 갑작스러웠다.

"무슨 말이야?"

"그냥 대답해 주세요. 제발요."

"지금 그게 중요한 거야?"

"네, 중요해요."

"그래? 그럼 대답해 줄게."

"네네."

"선생님이 산타할아버지란다."

내 대답을 듣자 아이들 사이에서 웅성거리는 소리가 들렸다.

"거봐, 내 말이 맞잖아."

"와."

"에이, 말도 안 돼."

"선생님, 거짓말하지 마세요."

아이들은 영어 시간에 산타할아버지가 진짜 있는지 궁금해진 것 같다. 나도 어릴 때 그런 궁금증을 가졌던 기억이 있다. 과연 산타할아버지는 정말 존재하는 걸까? 거짓말을 하거나 울던 아이에게 선물을 안 주는 게 맞는 걸까? 밤에 굴뚝을 타고 집 안으로 들어와 아이가 걸어놓은 양말에 선물을 놓고 가는 걸까? 그런 산타할아버지를 만나려고 밤새 기다렸던 기억도 난다. 하지만 결국 잠이 들어버리고, 다음 날 아무것도 없어서 실망했던 적도 있었다. 네 명의 남매 중 한 명도 산타할아버지에게 선물을 받은 적이 없었다. 그래서 나는 어릴 때부터 산타할아버지가 존재하지 않는다고 믿었다.

하지만 지금은 생각이 바뀌었다. 산타할아버지는 분명히 존재한다. 아이들이 이 질문을 한다면, 나는 언제든 이렇게 대답할 것이다.

"산타할아버지는 당연히 계시지."

큰아이가 초등학교 4학년이 됐을 때, 크리스마스에 자기에게 선물을 주는 사람이 엄마와 아빠라는 사실을 알게 되었다. 그 후, 크리스마스가 되어도 산타할아버지에 대해 이야기하지 않으며, 직접 선물을 달라고 요구했다. 아무리 산타할아버지가 온다고 크리스마스 이벤트를 해주려고 해도, 믿지 않았다. 이제 우리 아이에게는 우리 부부가 '산타할아버지'인 셈이다.

우리 집에는 굴뚝과 벽난로가 없어서 산타는 루돌프 사슴이 끌고 온 썰매로 집 안에 들어오지 않는다. 선물은 양말에 넣지 않고, 아이들의 머리맡에 두었다. 그래서 우리가 알고 있던 전통적인 산타할아버지와는 조금 다르지만, 선물을 준다는 점에서 영락없는 '산타'다. 색깔과 모습은 다를지라도, 그 마음과 사랑만큼은 분명히 산타임이 틀림없다. 우리 부부처럼 그 모습이 조금씩 다를 뿐, 세상 모든 어린이에게 산타는 존재한다.

하지만 내 이야기를 아이들에게 이렇게 자세히 설명하지는 않았다. 아이들의 마음에 궁금증과 동심을 남기고 싶었기 때문이다. '선생님은 왜 저렇게 말씀하실까?' 궁금해하는 그 마음이 아이들의 권리라고 생각했다. 그 상상도, 그 질문도 11살 아이들에게는 충분히 소중한 일이기 때문이다.

"산타할아버지는 존재하는 거예요. 알겠죠?"

"네."

"자, 이제 밥 먹으러 갑시다."

고개를 갸우뚱하며 급식실로 향하는 아이들을 보며 미소가 절로 흘렀다.

아이들이 준비한
각본 없는 영화

"과자 봉지는 다 넣습니다."

"네."

삼삼오오 모여 시끌벅적한 교실에서 아이들의 목소리가 동구 밖까지 들릴 정도로 높아진다. 어제까지만 해도 이 시각에 조용히 아침 독서를 하고 있었는데, 오늘은 분위기가 다르다. 그런 시끄러운 모습에도 나는 아이들을 꾸짖지 않았다. 오늘 하루만큼은 아이들에게 모든 걸 허락해주고 싶었기 때문이다. 그 이유는 바로 오늘이 '장기 자랑 겸 4학년을 마무리하는 학급 파티'가 열리는 날이기 때문이다.

'춤, 노래, 칼림바, 바이올린, 독창, 축구 동영상, 그 외….'

오늘의 행사는 한 달 전부터 예고되어 있었기에, 내가 딱히 개입하지 않아도 아이들끼리 잘 준비해 왔다. 그렇게 시작된 자리가 아이들보다는 오히려 나에게 더 큰 추억으로 남을 것 같았다. 행사를 시작하기도 전에 '이제 곧 이 아이들과 헤어진다'는 생각에 눈시울이 뜨거워졌다. 매년 20여 명의 아이들과 헤어지는데, 왜 매번 이런 서운한 마음이 드는지 모르겠다. 교사는 '헤어짐'에 익숙한 직업이지만, 28년째 겪어도 매년 이 쓸쓸함이 새삼스럽다. 이런 나 자신이 한심해 보이기도 하지만, 이 역시 피할 수 없는 감정이다.

'언제 아이들이 이렇게 컸지?'

'3월에는 정말 아기 같았는데….'

철민이는 분노 조절을 어려워하는 아이였다. 자기감정을 조절하지 못하고, 친구들이 하는 말에 화를 냈다. 내가 하는 말에도 같은 반응을 보였고, 종종 휴대폰을 던지거나 책상을 차기도 한다. 혼잣말로 욕을 하기도 했다. 하지만 지금은 그런 모습을 전혀 보이지 않고, 자기 의사를 차분하게 말로 표현한다. 나는 성장한 철민이의 모습에 고마운 마음이 들었다. 이제는 내가 하는 농담에 웃기까지 한다. 얼마나 다행스러운 일인가. 우리 반에서 철민이는 내가 가장 걱정했던 아이였는데, 이제는 그 변화된 모습을 보면 교사로서 뿌듯함을 느낀다. 1년 동안 내 말을 잘 따라준 철민이가 정말 대견했다.

대부분의 아이들이 어른스러워졌다. 아직 학년은 올라가지 않았지만, 조금씩 능글맞아 보이기까지 해서 벌써 5학년 같아 보여 든든하다. 아직 내 눈에는 부족한 아이도 있지만, 그건 다음 학년 선생님께서 잘 이끌어 주실 것이고, 아이도 스스로 성장할 거라고 믿는다.

"오늘 선생님은 너희를 보면서 놀랐어. 어쩜 이렇게 너희답게 준비한 거니? 일일이 선생님이 준비를 도와주지 않아서 오히려 더 잘했다 싶어. 너희들이 직접 준비한 모든 부분이 자연스러웠고, 그래서 더 좋았던 것 같아. 오늘 하루는 마치 '각본 없는 영화' 한 편을 본 것처럼 느껴졌어. 고마웠고, 감동적이었어. 선생님은 정말 행복했다. 너희에게 감사하고 또 감사해. 너희도 오늘 하루가 선생님처럼 행복했으면 좋겠어."

"너희들의 앞날을 선생님은 언제나 응원할게. 아자~~!!!"

소리 모아 합창하는 아이들

"이제 입장해 보자."

합창부 아이들이 나를 따라 두 줄로 계단을 올라갔다. 다행히 모두 표정이 밝았다. 서로 얼굴을 맞대고 깔깔거리며 손장난하거나 점심 식사 후 간식에 관해 이야기를 나누기도 했다. 단복의 넥타이를 만지거나 머리를 고쳐주는 아이들도 있었다. 대기 시간에 복도를 뛰어다니는 아이들을 보며 '공연은 제대로 할까?' 싶은 생각이 들었지만, 그건 나의 기우였다. 아이들은 공연장에 들어서면 언제나 실전에 강한 모습을 보여줬다. 그래서 긴장된 상황 속에서도 나는 아이들을 믿고 안심할 수 있었다.

오늘은 1년에 한 번 열리는 음악 경연대회 날이다. 우리 학교는 합창 종목에 참가한다. 각 학교의 공연 시간은 입, 퇴장을 포함해 5

분 남짓이다. 이 짧은 시간 동안 최고의 무대를 선보이기 위해, 60여 명의 우리 학교 합창부는 지난 3월부터 함께 소리를 맞추며 연습을 해왔다. 무엇이든 그냥 얻어지는 것은 없다.

본선 무대로 가기 위해서는 대기실에서 두 층을 계단으로 올라야 한다. 중간중간 뒤돌아보며 나를 따르는 아이들을 살폈다. 합창 무대에서 느끼는 긴장은 아이들의 목소리를 위축시켜 좋은 성과를 내기 어렵게 한다. 그래서 대기 중에는 우스갯소리도 던지며 긴장감을 풀어주려 애썼다.

"얘들아, 긴장하지 말고 평소 하던 대로 하면 돼."

"네, 선생님. 걱정하지 마세요."

아이들의 긴장을 풀어주려던 내 말이 오히려 아이들의 표정을 굳게 만들었다. 그 순간, '괜히 말했나?' 하는 생각이 스쳤다. 무대에 오르기 전, 나는 항상 아이들에게 이렇게 당부한다.

'연습처럼, 물 흐르듯이.'

'즐기면서.'

무대는 시험과도 같다. 욕심은 실수를 부르기 때문에 실전은 연습처럼 해야 한다. 나는 10대 초반의 아이들에게 합창을 통해 이 원칙을 가르치고 싶었다. 공연 중에 실수가 생기면 어떤가. 주어진 무대에서 최선을 다했다면, 그 결과를 겸허히 받아들이면 된다. 이 모든 과정이 아이들에게는 배움이다. 이는 머리로 배우는 것이 아니라 경험으로 얻는 것이다. 돈으로 살 수 없는 오늘의 이 경험은 그 자체로 소중하고 값지다.

공연 순서를 기다리며 이 말을 되뇌었지만, 내 마음도 떨리는 건 마찬가지다. 아이들이 긴장하는 모습을 보면 눈을 뜨고 보기 힘들다는 표현이 딱 맞다. 차라리 내가 무대에 서는 것이 낫겠다는 생각이 들었다. 그 순간, 무대 진행 요원이 우리 학교의 입장 순서를 알렸다. 나는 기다리던 아이들에게 이렇게 말했다.

"이제 들어가자."

아이들이 먼저 무대로 입장하고, 내가 그 뒤를 따랐다. 지휘자석에 서서 아이들을 보니 모든 얼굴이 한눈에 들어왔다. 아이들이 나와 눈을 마주쳤다. 객석을 보면 긴장할 테니, 무대에 입장하는 순간부터 나만 보라고 주문했다. 공연도 연습처럼 우리끼리 즐기면 된다. 그래야 편안히 노래할 수 있으니까.

5분 남짓한 시간이 흘렀고, 합창이 끝났다. 아이들은 차례로 무대를 내려왔다. 내가 먼저 무대를 나가면, 아이들은 자연스레 내 뒤를 따른다. 합창대회에서 좋은 결과를 욕심내지는 않았지만, 최선을 다했다. 이것이 매년 열리는 이 대회에 참가하는 나의 마음가짐이다.

'떨림' '설렘' '뿌듯함' '자랑스러움'

무대에 서는 아이들과 내 가슴을 채우는 감정이다.

"선생님, 저희 잘했죠?"

"고생했다. 애들아. 정말 잘했어."

공연이 끝난 후에는 항상 아쉬움이 남는다. 하지만 이를 뒤로 하고, 꼭 해야 할 일이 있다. 바로 '잘했다'라는 격려다. 아이들이 그동안 자신이 한 노력을 인정하고 그 결과를 받아들일 필요가 있다. 그리고 긴 연습의 과정을 이겨낸 자신을 칭찬하고 격려해야 한다.

"잠시 후 대회 결과를 발표하겠습니다."

오늘 대회는 참가만 해도 '동상'을 받을 수 있다. 그래서 모두의 관심사는 은상과 금상에 쏠려 있었다. 그런데 동상 발표에 우리 학교 이름이 없었다. 그 말은 금상 아니면 은상이라는 뜻이었다. 기대하지 않았던 금상이 떠오르며 가슴이 울렁거렸다.

"다음은 은상입니다. OO 초등학교입니다."

"우와! 우리 학교야! 얘들아, 우리가 은상을 받았어!"

은상 수상 소식에 나와 아이들의 눈에는 눈물이 맺혔다. 서로를 바라보며 기쁨에 겨워 뛰었다. 상이 무슨 상관이냐고 말해왔지만, 동상보다 높은 은상은 더 큰 힘을 주었다. 나는 아이들에게 이렇게 말했다.

"선생님 눈엔 우리가 금상, 아니 대상이야."

벌써 3년째, 발령받은 학교마다 합창부를 지도하고 있다. 합창부에 채용되는 강사는 따로 없어, 지도교사인 내가 선곡부터 발성, 무대 의상 선택과 대회 참여의 일련의 과정을 책임지고 운영한다. 과외 활동이다 보니 아이들이 연습을 조금만 힘들어해도 합창부 활동

자체를 반대하는 부모님이 있다. 아이들의 학업에 지장을 준다고 생각해서인 듯하다. 그래서 초등학교 3~4학년 정도까지는 합창부 활동을 시키다가 5학년이 되면서부터 그만두는 경우가 허다하다. 악기를 배우는 것은 기능이 아이들에게 남지만, 합창은 당장 눈에 띄게 남는 성과가 보이지 않아서일 것이다. 이렇게 합창부를 떠나려는 아이와 부모님의 마음을 설득하는 것도 지도교사인 나의 몫이다.

합창부 지도가 쉽지 않아 몇 번이고 포기하고 싶었지만, 그 순간들을 이겨내며 매번 '아이들의 성장'이라는 선물을 받는다. 아이들은 과연 이 합창을 통해 무엇을 배울까? 발표곡의 가사를 읽고, 멜로디를 익힌다. 정확한 음정을 내기 위해 주어진 음에 집중하고, 곡의 완성도를 높이기 위해 연습에 연습을 더한다. 수십 명의 합창부 아이들이 마치 한 사람이 노래하는 듯 깔끔한 음을 내기 위해 옆자리에 서 있는 친구의 노래에 귀를 기울인다. 또한 무대에 오를 때의 떨림과 긴장감을 이긴다. 이 일련의 과정이 끝난 후 주어지는 결과를 받아들이는 과정 또한 영광스러운 선물이다. 아이들에게 배움이 일어나듯, 지도교사인 나에게도 마찬가지였다. 공연이 끝나면 내 가슴엔 뜨거운 감동이 흐르고, 대회 결과를 받아들이는 절제를 배운다. 그리고 또다시 다음 해의 합창 지도를 준비한다.

"고맙다. 얘들아! 정말 잘했어."

두 손과 온 마음으로 내 아이들을 토닥였다. 그들의 노력에 감사하며.

노력은 같이하는 거란다

"다한 친구들은 어려워하는 친구를 도와주자."

"네."

우리 반 아이들은 요즘 '겨울' 시간에 '세계 여러 나라'에 대해 배우고 있다. 스티로폼으로 만든 꾸러미를 이용한 만들기 활동을 통해 세계 여러 나라의 '집, 국기, 옷차림'을 익힌다. 각 모둠은 받은 만들기 세트에서 만들어 보고 싶은 나라를 선택해 조립을 시작한다. 다행히도 조립 과정은 어렵지 않았고, 힘들어하는 친구들은 모둠 친구들과 함께 배우며 문제를 해결했다. 그래서, 이런 만들기 활동에서는 모둠 활동이 매우 유용하다.

아이마다 가진 능력과 흥미가 다르다. 나는 학교에 다닐 때 수학을 좋아했지만, 미술과 체육에는 부담을 느꼈다. 반면 우리 집 두 아이는 미술을 좋아하고 수학을 어려워한다. 우리 반 아이들도 각자 흥미가 있는 교과목이 다를 것이다. 하지만 이렇게 다양한 능력을 갖춘 점은 오히려 긍정적인 효과를 낳는다. 각자 잘하는 분야에서 친구를 도울 수 있기 때문이다.

SBS 토크 예능 프로그램 「돌싱포맨」에 개그맨 이경규가 출연한 적이 있었다. 40년 동안 예능계에서 굳건히 자리를 지켜온 그는 흔히 예능계의 대부라 불린다. 이경규는 부산에서 고등학교를 졸업하고 연기를 하고 싶어 동국대 연극영화과에 입학했지만, 여러 번의 오디션에서 낙방한 후 연기의 길을 포기하게 되었다. 이후 우연히 개그 프로그램에 출연하게 되었고, 자연스럽게 개그의 길에 들어서며 큰 인기를 얻게 되었다. 이를 통해 사람의 미래는 예측하기 어렵다는 사실을 알 수 있다.

"멱살 왕이라는 별명이 있던데, 그 비법을 좀 알려주세요."

이 말을 하며 개그맨 김준호가 같이 출연한 탁재훈의 멱살을 잡는다. 이는 평소 이경규가 자주 하던 동작을 흉내 낸 것이다. 김준호의 모습을 본 이경규는 버럭 화를 내며 말했다.

"마이크를 잡으면 어쩌자는 거야!"

그와 동시에 이경규는 김준호의 왼쪽 어깨를 잡았다. 즉흥적인 동작임에도 그의 손은 마이크를 피했다. 방송 오디오에 방해되지 않으면서도 두 사람의 재미있는 동작이 카메라에 고스란히 담겼다.

이것이 바로 이경규의 노련함이다.

"봐, 카메라에 다 잡히잖아."

거실에 설치된 모든 카메라는 출연진을 담고 있었다. 이경규는 카메라를 가리키며 말했다.

"멱살은 이렇게 잡는 거야."

탁재훈이 "놓을 때는 어떻게 놓나요?"라고 묻자, 이경규는 슬그머니 손을 떼며 자연스럽게 다음 진행으로 넘어갔다. 그 과정을 미처 알지 못한 김준호가 다시 물었다.

"언제 손을 놓으신 거예요?"

"그건 나도 모르지."

자연스럽게 손을 뗀 이경규는 이러한 과정을 통해 방송의 비법을 슬쩍 보여주었다. 이는 선배가 후배에게 가르쳐 주는 과정이었고, 이것이 바로 '협력학습'의 예라 할 수 있다.

"임원희 형의 멱살은 어떻게 잡으실 거예요?"

"나는 원희를 절대 안 잡아. 만약 내가 멱살을 잡으면 임원희는 자다 말고 고민할 거야. 내가 뭘 잘못한 거지? 라고. 이런저런 상황을 생각해 보고 멱살을 잡을 상대를 선택하지."

이경규가 장난스러운 멱살 잡기 장면 하나를 위해 수많은 부분을 고려한다는 사실에 감탄했다. 40년 동안 예능계에서 살아남은 그의 비결은 이런 세심한 노력에 있지 않을까 생각했다.

노력 없이 무언가를 이루는 것은 쉽지 않다. 그리고 노력은 혼자만의 영역이 아니다. 내 발전에 도움이 된다면 친구, 교사, 부모님 등 타인의 도움을 받아야 한다. 또한 책, 웹, 원격 수업 등 도움을 받을 수 있는 수단도 많다. 학교에서는 친구들이 서로에게 큰 도움이 된다. 교사의 지도가 모든 아이에게 고르게 전달되기 어려울 때, 친구들 간의 '동료 학습'을 통해 학습의 차이를 보완하기도 한다. 이는 공부뿐만 아니라 다양한 영역에서 적용될 수 있다.

친구를 돕는 일은 당장은 내 시간을 쓰는 것처럼 보일지 모르지만, 매우 값진 일이다. 친구에게 가르쳐 주기 위해 내 머릿속 지식을 정리하고 설명하면서 내 생각은 더욱 견고해진다. 세상을 함께 살아갈 우리 반 아이들은 서로에게 배움이 되며, 서로를 도울 것이다. 그리고 그들은 협력하며 많은 것을 이루어 나갈 것이다.

"도움을 받으면 배우고, 도와주면 성장한다."

"그러니 무슨 일이든 어려워하는 친구가 보이면 적극적으로 다가가 그가 이해할 때까지 가르쳐 주렴. 그리고 그것이 서로를 위한 좋은 방법임을 꼭 기억하자."

"노력은 함께하는 거란다."

부모와 교사,
함께 하는 학교

"부모의 길은 멀고도 험하다. 교사의 길도 마찬가지다.

아이를 바르게 잘 키우려면 부모와 교사가 함께

끊임없이 고민하고 노력해야 한다."

학교와 첫 만남은 어려워

아이가 학교에 입학하면 첫날부터 여러 불편함을 느낄 것이다. 책걸상은 낯설고, 사물함을 어떻게 사용하는지 궁금하다. 엄마가 챙겨주신 책과 준비물은 어디에 정리하고, 입고 간 두꺼운 외투와 보조 가방은 어디에 걸어야 할까? 유치원보다 훨씬 큰 학교 건물은 곳곳에 생소한 이름의 푯말이 붙어 있다. 낯선 선생님과 인사를 해야 하고, 친구들 앞에서 자기소개를 한다. 입학식 다음 날부터는 4교시 수업을 하고, 큰 급식실에서 점심을 먹는다. 의자에 앉아 자세를 바르게 유지하며 수업을 듣다 보니 허리가 아플 수도 있다. 수업 시간에는 제자리에 앉아 선생님 말씀에 집중해야 한다. 모든 게 어색하고 익숙하지 않아 누군가에게 의지하고 싶지만, 정작 곁에는 처음 보는 사람뿐이다.

선생님은 아무리 봐도 부모님만큼 친절해 보이지 않는다. 친구들도 나에게 관심을 두지 않는 것 같고, 내가 말할 때 생각만큼 집중하지 않는다. 수업 시간에 말하고 싶으면 손을 들어 발언권을 얻어야 한다. 그전에는 자리에 앉아서 차분하게 자기 활동을 해야 하고, 말할 때는 옆 사람에게 들리지 않도록 작은 소리로 얘기해야 한다. 친구가 발표할 때는 그 말에 집중해야 한다. 이 외에도 학교에서 배워야 할 규칙과 약속은 또 얼마나 많은지 모른다. 아이들은 매일 선생님께서 학교생활에 대해 말씀해 주시는 내용을 외우고 또 외워야 한다.

'학교에서 하루도 불편하지 않은 날이 없다.'

집에서는 내가 주인공인데, 학교에 오면 그게 아니라는 현실을 알게 된다. 이런 생각에 아이는 외롭고 힘들어 눈물이 날 수도 있다. 학교가 끝나면 무거운 책가방을 메고 교문을 나서면서 엄마를 만나 눈물을 쏟아낼 수도 있다. 겨우 참고 집에 돌아가도, 생각할수록 마음이 서러워질 것이다.

"엄마, 나 학교 가기 싫어."

"엄마, 나 선생님이 무서워. 친절하지도 않아."

이럴 때 부모는 아이에게 어떻게 말해야 할까? 부모의 태도는 아이에게 큰 영향을 미친다. 물론, 담임교사에 대한 부분도 마찬가지다.

"너희 학교는 왜 그래?"

"너희 선생님은 왜 그러시지? 엄마가 선생님께 말씀드릴게."

만약 부모가 아이의 불만을 담임교사에게 전달하고, 그 즉시 상황이 바뀐다면 어떻게 될까? 아이는 자신의 불만을 부모님에게 이야기한 후, 상황이 달라지는 경험을 하게 된다. 이렇게 성공적인 경험을 한 아이는 앞으로도 비슷한 상황에서 부모에게 불만을 이야기하고, 그때마다 문제를 해결해달라고 요구할 가능성이 크다. 즉, 학교생활에서 어려움이나 불편함이 생길 때마다 스스로 이를 극복하려는 노력보다는 부모를 통해 해결하려 할 것이다. 부모는 이 변화의 '징검다리' 역할을 하게 된다. 이런 반복적인 경험이 쌓이면, 아이는 점점 스스로 문제를 해결하는 법을 배우지 못하고 부모에게 의존하게 되어, 학교생활에 적응하는 데 어려움을 겪을 것이다.

아이가 불편함을 느끼면 가장 편안한 상대인 부모에게 이야기한다. 그럴 때 부모는 아이의 불편한 마음에 공감해 주되, 이후에는 아이가 스스로 적응하고 문제를 해결할 수 있도록 기회를 제공해야 한다. 이는 교사를 위해서가 아니라, 아이의 바른 성장을 위한 일이라는 사실을 부모님이 기억했으면 좋겠다.

여름방학 계획,
변경해도 괜찮아

"선생님, 제가 방학 동안 요일마다 다른 학원에 가야 하는데, 계획 표에는 어떻게 표시해야 할까요?"

내일은 여름 방학식이 있는 날이다. 그래서 아이들과 함께 방학 중 생활 계획표를 만들어 보려고 한다. 계획을 그대로 실천하기는 어려운 일이지만, 계획을 세워보는 것 자체도 아이들에게 중요한 공부가 될 것이다. 여름방학 계획표에는 매일의 생활을 대체로 정해두어야 한다.

특히 저학년 아이들은 생활 계획을 스스로 세우기 어렵다. 그래서 선생님이나 부모님의 도움을 받아 방학 계획표를 만들고, 규칙적인 생활을 해보는 것이 좋다. 하지만 방학에는 학기 중과 다른 시간에 움직이게 되는 경우가 많아, 부모님과 상의해 방학 중 시간을 미리 적어 오도록 숙제를 내준다. 배부한 계획표 양식에 연필로 시간을 적어 오면, 아이들은 그 위에 세부적인 계획을 추가한다. 이렇게 하면 저학년 아이들도 방학 계획표를 쉽게 완성할 수 있다. 그런데 위 질문을 한 아이는 이 숙제를 미리 해 오지 않았다.

"호진이는 앞으로 나와서 선생님과 같이 의논해서 만들어 보자."

아이는 내 말을 듣고 교탁 앞으로 걸어 나왔다.

"호진아, 방학 동안 학원은 다니니?"

"네."

"어떤 학원에 다니니?"

"00 학원이요."

"학원 시간은 어떻게 되니?"

"잘 모르겠어요."

"그럼, 방학 중에는 학원이 대부분 오전에 운영되니까 오전 시간은 비워두자. 오후 시간은 조금 불확실하니까 연필로 적어두고, 저녁 시간만 계획을 세우면 좋겠어. 어때?"

"네, 그렇게 할게요."

"다음에는 부모님과 상의해서 미리 시간을 적어 오도록 하자. 알았지?"

"네, 그렇게 할게요."

호진이는 나와 약속을 하고 자리에 돌아갔다. 저학년 아이들은 이렇게 숙제를 미리 해 오지 않으면 수업 시간에 방학 계획표를 완성하기 어렵다. 반면 고학년 아이들은 시간을 예측해서 약간의 유동성을 두고 계획을 세운다. 저학년은 변동 사항을 예측하고 계획하는 것이 어렵기 때문에, 아이에게 숙제를 미리 해 오도록 안내해야 한다. 나는 '생활 계획표 양식'이 그려진 종이를 두 장씩 아이들에게 나눠줬다. 하나는 연습용이고, 나머지 하나는 완성용이다. 연습용 종이는 숙제로 내어주고, 집에서 부모님과 상의해 미리 작성해 보도록 했다. 이렇게 하면 부모님과 아이가 방학 생활에 대해 미리 계획을 세워볼 수 있다.

아이들에게는 계획표를 작성할 때 '식사, 운동, 독서, 숙제, 교육 방송 시청' 시간을 먼저 배정하도록 안내한다. 그다음 빈 시간에 원하는 내용을 추가하면 된다. 이렇게 하면 아이들은 어려움 없이 생활 계획표를 완성할 수 있다.

계획표 작성 과정을 아무리 자세히 안내해도, 어떤 아이는 고민만 하며 종이에 아무것도 적지 못할 때가 있다. 계획을 세운 후, 그때 가서 어려운 상황이 생기면 변경해도 된다. 긴 방학 동안 아이들이 계획대로 생활할 수 있는 날이 며칠이나 될까? 그렇지만 지키는 날이 단 하루라도 그 하루를 지키려고 노력하는 것이 중요하다. 아이들은 방학 중 계획을 세우며 하루 일정을 돌아보고 부모님과 상의한다. 하루 24시간을 자신이 해야 할 일로 나누고, 그 시간을 종이에 적어보고 다시 조정한다. 계획표 제목과 세부 일정을 빈 양식에 적고 꾸민 후, 두근거리는 마음으로 나에게 확인을 받으러 나온다.

이 과정만으로도 아이들은 이미 한 단계 성장한 것이다.

"계획은 변경할 수 있으니까, 마음의 부담은 가지지 않아도 돼요."

내가 이렇게 말하자 아이들의 표정이 풀리기 시작했다. 한 명씩 연습 종이에 적은 내용을 들고 앞으로 나왔다. 내용을 보고 적절한 시간이 배정되어 있으면 통과 신호를 보낸다. 그렇지 않은 아이들에게는 수정할 부분을 다시 해 오도록 안내한다. 두세 번의 확인을 거친 후, 통과한 아이들은 완성 종이에 색칠을 추가했다. 채색을 시작한 지 40여 분이 지나자, 아이들 한두 명이 검사를 받으러 나왔다. 아이들의 결과물을 보며 나는 새삼 느꼈다.

'너희들은 이렇게 알려주는 대로 잘하는구나.'

퇴근길에 4장의 빈 생활 계획표 양식을 챙겼다. 집에 가서 가족과 함께 방학 계획을 세워보고 싶었다. 나는 방학 동안 하고 싶은 일 세 가지를 계획표에 꼭 넣으려고 한다. 물론 그 일을 이룰 수도 있고, 이루지 못할 수도 있다. 그래도 괜찮다. 계획이라는 건 원래 바뀔 수 있는 거니까.

위인전을 읽어야 하는
이유

"여러분, 위인이라는 말이 무슨 뜻일까요?"

"대단한 사람이요."

"좋은 사람이요."

"위인은 대단한 업적을 남겨 후손에게 이름이 전해지는 사람을 말합니다. 그렇다면 여러분이 생각하는 위인에는 어떤 분이 계실까요?"

"세종대왕이요."

"이순신 장군이요."

"네, 맞습니다. 위인들이 많이 계시죠. 오늘은 여러분이 본받고 싶은 위인을 떠올려서 그분에 대해 조사해보는 시간을 가질 거예요. 선생님이 나눠준 학습지를 볼까요? 학습지에는 본받고 싶은 인물이 살았던 시대적 배경과 그분이 한 일에 대해 적는 부분이 있어요. 이 부분은 검색을 통해 찾아야겠죠? 마지막으로 '본받고 싶은 까닭' 은 여러분의 생각을 정리해서 적으면 됩니다."

"네, 선생님."

"그럼, 이제 모둠을 만들어서 친구들과 도와가며 내용을 작성해 봅시다."

아이들은 각자의 크롬북을 꺼내어 자신이 본받고 싶은 인물을 조사한다. 그 인물이 살았던 시대적 배경과 한 일, 자신이 배울 점을 찾는다. 마지막으로 본인이 선택한 위인을 존경하는 이유를 적는다. 활동 자체는 간단하지만, 이 과정을 통해 아이들은 또 하나의 배움을 얻는다. 자신이 본받고 싶은 위인이 살아온 인생, 만난 사람들, 가족, 친구들, 그들의 생각과 어려움을 이겨낸 방법을 알 수 있다. 아이들은 직접 경험하지 못한 삶을 간접적으로 경험하게 된다. 나와 다른 길을 걸어보는 것은 새로운 경험이다. 책은 이렇게 다른 사람의 삶을 살아볼 수 있는 경험을 한순간에 제공한다. 발표 자료를 만들 때 위인의 사진이 필요하다면 학급 홈페이지에 올리도록 안내하고, 인쇄물도 제공한다. 발표 자료를 완성한 아이들은 내 책상 앞으로 나와서 확인을 받고, 동그란 원 자석 하나를 칠판에 붙인다. 그후 과제를 다 못한 친구들을 돕는다. 이렇게 우리 반 친구들은 오늘도 '본받고 싶은 인물'을 찾아보며 또 다른 성장을 시도한다.

"위인의 삶에서 배움을 얻자!"

교사로서 아이들에게 꼭 전하고 싶은 말이다. 아이들은 위인전에서 등장하는 인물의 삶을 통해 충분한 교훈을 얻을 것이다. 그 위인이 살아온 처절한 삶과 지혜, 그리고 어려움을 겪어내는 과정을 살펴보며 자기 삶과 태도를 돌아봐야 한다. 그렇게 한다면 자신도 변화를 시도할 것이다. 나도 어릴 적엔 위인전을 읽는 이유를 몰랐다. 어른들은 그저 책을 읽으라고만 했지, 그 목적을 말해주지 않았다. 다른 사람이 살았던 인생을 내가 왜 읽어야 하는지, 그 이유를 이해하기 힘들었다. '위인전'을 읽으라는 건 그저 한 인물에 대한 역사를 공부하라는 말처럼 들렸다. 만약 위인전을 읽어야 하는 이유를 알았더라면, 지금의 내 삶은 달라졌을지도 모른다.

  'BTS, 김연아는 그냥 그 자리에 올랐을까?'

  요즘 아이들에게 장래 희망을 물으면 '아이돌, 연예인, 유튜버'라고 이야기하는 비율이 높다. 그건 이들이 보여주는 화려한 모습 때문일 것이다. 하지만 그들이 그 자리에 오르기까지의 과정을 아이들은 모른다. 다행스러운 것은 그들이 자신의 일대기를 자서전이나 타인이 쓴 전기를 통해 우리에게 보여준다는 점이다. 김연아 선수는 어릴 적부터 엄마가 매니저 역할을 하면서 그림자처럼 따라다녔다. 동작 하나에 실패하면 지독하게 반복해서 연습했고, 그 과정을 그녀도 성공할 때까지 계속했다. '게으른 천재는 절대 정상에 오를 수 없다'라는 말이 있다. 아이들도 우리 눈에 화려해 보이는 아이돌과 체육 스타, 위인들이 그 자리에 오르기까지의 피나는 노력을 배워야 한다. 또한 '노력의 과정은 힘들지만, 열매는 달다'라는 것을 마음에 새길 필요가 있다.

부모가 아무리 아이를 바꾸려고 애써도 안 되던 것을 위인전 읽기를 통해 바꿀 수 있다.

"얘들아, 위인전은 꼭 읽자."

수학,
포기할 것인가 말 것인가?

"선생님, 나눗셈이 너무 어려워요."

지선이는 책상에 앉아 수학 문제를 풀고 있다. 얼굴은 어둡고, 고개는 반쯤 떨궈져 있다. 그 표정을 보니 마음이 아프다. 그래도 처음부터 문제 푸는 방법을 알려주기보다는, 스스로 고민할 시간을 주는 게 더 효과적일 거라 생각해 지켜보기로 했다. 대부분 아이는 혼자 고민하는 시간을 견디기 힘들어한다.

"지선아, 수학 문제 하루에 딱 열 개만 풀어보자."

하지만 열 문제도 지선이에게는 큰 부담인 듯했다. 표정이 밝지 않았다. 그런 아이의 모습을 보니 마음이 짠했다. 수학이 뭐라고 아이를 이렇게 힘들게 해야 하나 싶어 마음이 무거웠다. 지선이는 겁에 질린 듯 고개를 저으며 눈동자를 좌우로 굴렸다.

"혜미에게 도와달라고 해볼까?"

우리 반에서는 모든 수업 시간에 '또래 학습'을 활용한다. 이는 친구들끼리 서로 공부를 돕는 방법이다. 아이들은 교사보다 친구에게 더 쉽게 다가가며, 친구의 설명이 더 이해하기 쉬울 때가 많다. 특히 수학은 아이들 간의 수준 차이가 커서 문제 해결 속도도 다르다. 이 차이를 줄이는 데 또래 학습이 매우 유용하다. 우리 반에서는 친구의 공부를 도와주면 칭찬을 받기 때문에, 아이들은 기꺼이 서로를 돕는다. 이런 모습을 볼 때마다 가슴이 따뜻해지고, 도움을 주는 아이들에게 고마운 마음이 절로 든다.

다행히 혜미는 지선이를 돕겠다고 나섰다. 지선이는 수학을 어려워하는 아이로, 2학년 때 익혀야 할 구구단도 아직 힘들어한다. 수학 공부를 할 때 구구단이 생각나지 않으면, 자기 책상에 붙여 둔 구구단표를 보고 문제를 풀기로 약속했다. 이는 외우지 못한 아이에게 무작정 구구단을 떠올리라고 하기보다는, 막히는 순간에 구구단표를 참고하여, 더 정확하게 기억하기 위함이다.

초등학교 4학년이 되면 수학은 이전 학년에 비해 훨씬 어려워진다. 그래서 3학년까지의 기초가 부족한 아이들은 4학년이 되면 쉽게 '수학 포기자'가 된다. 수학을 포기할지 말지 고민하는 갈림길에서 결국 포기를 선택하는 것이다. 수학을 좋아하는 나로서는 그런 아이들을 볼 때마다 안타까운 마음이 든다. 어떻게든 수학에 흥미를 느끼게 해주고 싶지만, 그것조차 쉽지 않다. 수학 시간만 되면 멍하니 앉아, 내가 하는 설명을 제대로 듣고 있는지조차 알 수 없는 아이들도 있다. 물론, 그 마음을 이해한다. 누구나 어려운 과목 하나쯤은 있기 마련이니까.

"선생님, 집에서 수학책 문제를 다 못 풀고 왔어요."

지선이는 수학 시간이 끝날 때까지 문제를 다 풀지 못하는 경우가 많다. 그럴 때면 학교에 남아서 나와 함께 남은 문제들을 풀곤 한다. 자신감이 떨어진 표정으로 말없이 나를 바라보는 지선이를 보면 마음이 아프다.

"지선아, 이 두 문제만 집에서 풀어올래?"

다 풀지 못한 문제를 숙제로 내주었지만, 다음 날 지선이는 우리가 풀다 만 상태 그대로의 수학책을 다시 들고 왔다.

"저는 집에 가면 아무도 제 수학 공부를 봐 주지 않아요."

그날 이후로 지선이는 수업 시간에 문제를 다 풀지 못하면 남아서 나와 같이 공부하고 갔다. 만약 시간이 부족하면 다음 날 계속 공부를 이어갔다. 수학은 연계성이 중요한 과목이라, 지금 배운 내용을 이해하지 못하면 이후의 내용을 따라가기가 어려운 법이다. 이런 식으로 차근차근 공부하면 수학에 대한 거부감을 줄일 수 있었다.

지선이는 내가 끌어주는 대로 잘 따라주었고, 수학 실력도 점차 나아졌다. 3월보다 지금은 훨씬 밝은 얼굴로 수학 문제를 대하고, 계산력도 눈에 띄게 향상되었다. 4학년 초반에는 빈 연습장을 앞에 두고 뭘 해야 할지 몰라 어리둥절해하던 아이가 이제는 문제를 풀다가 궁금한 점을 나에게 질문할 정도로 성장했다. 구구단도 제법 외우고 있었다. 이게 바로 개별 학습의 효과다. 수학은 하루아침에 잘할 수 있는 과목이 아니다. 우선 수학에 대한 거부감을 없애는 것이 중요하다. 쉬운 문제를 해결하며 자신감과 성취감을 쌓아야 한다. 이를 위해 교사는 아이의 심리 상태와 수학의 기초 지식을 잘 파악하고, 그에 맞는 학습을 꾸준히 지원해야 한다.

"선생님, 나눗셈 문제가 너무 어려워요."
"그래? 선생님이 나눗셈을 잘하는 방법 하나 알려줄까?"
"네, 선생님. 알려주세요."
"나눗셈이 어렵다면 비슷한 문제를 많이 풀어보면 돼."
"아, 어려운데 어떻게 많이 풀어요?"
"선생님 말을 믿어봐. 금방 나눗셈이 쉬워질 거야."

지선이는 내 말을 의아해하면서도 마음속으로 받아들이는 듯했다. 처음에는 어려워 보이는 문제도 반복해서 풀다 보면 자연스럽게 해결 방법을 익힐 수 있다. 수학은 기본 원리를 이해하고, 그 원리를 적용해서 문제를 풀어가는 과정이 핵심이다. 아이들이 수학을 잘하기 위해서는 이 기본 원리를 튼튼히 다지고, 그것을 실제 문제에 어떻게 적용할지 연습하는 것이 중요하다. 그래서 아이들은 문제 푸는 방법을 충분히 익힐 시간이 필요하다. 그렇게 차근차근 풀어나가면서 스스로 정답을 찾았을 때, 그 기쁨이 수학을 공부하는 즐거움으로 바뀌게 된다.

수학은 '미로 찾기'처럼 '정답'이라는 '출입구'를 찾는 것이다. 처음에는 시간이 오래 걸려도, 풀이 과정을 반복하다 보면 점점 시간이 줄어들고, 점차 답을 찾는 과정이 익숙해진다. 마치 모르는 길을 물어서 목적지를 찾아가는 것과 비슷하다. 길을 가다가 맞지 않으면 돌아서서 다른 길을 찾아가고, 같은 길이라도 더 빨리, 안전하게 갈 수 있는 방법을 찾는 것. 이것이 바로 수학 문제 해결 과정과 닮았다. 대부분은 이런 노력을 하지 않고 잘하기를 바라지만, 인내하며 이 과정을 밟아 나가면 수학의 즐거움을 알게 된다. 아이들은 문제를 많이 풀고 해결해 봐야 그 즐거움을 느낄 수 있다. 지선이도 이 과정을 경험하기를 바란다.

수학이 어려운 지선이처럼, 사회와 과학이 어려운 아이, 체육이 힘든 아이도 있다. 이런 다양한 아이들이 모인 곳이 바로 학교다. 그리고 아이들은 학교에서 친구들 간에 서로 부족한 부분을 채워주고 돕는다. 다른 친구가 잘하는 모습을 보며 자신을 다잡기도 하고, 선생님이나 친구들의 칭찬으로 힘을 얻기도 한다. 때로는 스스로 부족함을 느껴 낙담할 때도 있지만, 누군가의 격려로 다시 힘을 낸다. 이런 과정이 바로 학습이고 발전이며 성장이다. 아이들은 학습의 산을 하나씩 넘으며 성장할 것이다. 이렇게 커가는 아이들을 보는 것은 교사로서 정말 행복한 일이다.

'내가 교직에 들어선 것은 참 잘한 일이야.'

등교를 거부하는 아이

"여보세요, 진희 어머니신가요?"

"진희가 아직 교실에 들어오지 않았습니다."

"네, 선생님. 오늘 아침에 조금 일이 있었어요. 지금 아이가 학교로 가는 중입니다. 잠시만 기다려 주세요. 죄송합니다."

"네, 그러셨군요. 걱정하지 마시고 진희가 안전하게 등교할 수 있도록 해주세요."

'활발하고, 유머러스하고, 명랑한 아이'

진희는 평소 밝은 얼굴로 학교에 다니고 친구들과 잘 어울려서 부모님에게 걱정을 끼치지 않던 아이였다. 그런데 오늘 아침, 통화에서 들리는 어머니의 목소리는 뭔가 어두워 보였다. 그 순간, 나는 직감했다.

'진희에게 무슨 일이 생겼구나.'

진희가 교실에 들어오기를 기다리고 있었다. 그런데 어머니 말로 잠시 후에 온다고 했던 진희는 2시간이 지나도록 등교하지 않았다. 학교에 오는 길에 무슨 일이 생긴 걸까? 집안에 급한 사정이라도 있는 걸까? 온갖 생각이 머리를 스쳤다. 쉬는 시간에 복도 쪽 창문으로 교문을 내려다보니, 저 멀리서 걸어오는 아이가 보였다. 바로 진희였다. 그 모습을 보고 일단 안심했다. 늦게 등교하는 아이 중에는 교실이나 학교 주변을 배회하는 경우도 있지만, 진희는 그렇지 않았다. 아이가 교실에 들어온 지 약 5분쯤 지났을 때, 진희 어머니에게 전화가 왔다.

"선생님, 오늘 아침에 진희가 울면서 학교에 가기 싫다고 하더라고요. 제가 겨우겨우 달래서 교실로 보냈습니다. 늦어서 정말 죄송합니다."

"그러셨군요. 고생하셨습니다. 제가 수업 끝나고 진희와 따로 이야기를 나누겠습니다. 걱정하지 마세요."

그 순간, 진희네 집의 아침 풍경이 눈앞에 그려졌다. 진희는 학교에 가기 싫다며 울음을 터뜨리고, 엄마는 당황한 표정으로 그 모습을 지켜보았을 것이다. 어쩌면 진희를 달래기 위해 여러 말들을 건네고, 가방을 챙기며 발을 동동 굴렀을지도 모른다. 진희는 도대체 무슨 이유로 등교를 거부했을까. 제시간에 학교로 보내려는 엄마와 학교에 가기 싫다는 아이 사이에 분명 크고 작은 갈등이 오갔을 것이다. 이런 장면을 떠올리니 문득, 지금 교실을 가득 채운 아이들이 새삼 고맙게 느껴졌다. 아무 말 없이, 그저 자리에 앉아 수업을 준비하고 있는 아이들의 모습이 평화롭게만 보였다.

3교시가 시작될 무렵, 뒷문이 열리며 진희가 교실로 들어섰다. 다행히도 아이의 표정은 차분해 보였다.

"진희 왔네."

"……"

고개를 숙이고 교실에 들어서는 진희에게 인사를 건넸다. 예상대로 아이는 특별한 반응을 보이지 않았다. 그때까지도 기분이 풀리지 않은 것 같았다. 하지만 아이가 학교에 왔다는 사실에 감사했다.

수업이 다 끝난 후 진희를 내 책상 앞으로 불렀다. 의자를 하나 내어주고 아이에게 앉기를 권했다. 진희는 수척한 표정으로 의자에 앉았다.

"진희야, 오늘 아침에 늦게 왔던데, 무슨 일이 있었니?"

"아침에 늦잠을 잤어요."

"혹시 어젯밤 몇 시에 잠들었니?"

"10시 30분이에요."

"그랬구나. 10시 30분이 잠들기에 아주 늦은 시간은 아니지만, 피곤함을 느끼는 건 사람마다 다를 수 있지. 오늘 아침에 진희가 피곤했다면, 어젯밤에 좀 더 일찍 자는 게 좋았을지도 몰라. 그런데 학교는 등교 시간이 정해져 있잖아. 진희는 이 점에 대해 어떻게 생각하니?"

"등교 시간에 맞춰 교실에 들어와야 한다고 생각해요."

"그래, 그렇게 말해줘서 고마워. 아침에 일어나서 학교에 오는 게 힘들게 느껴질 때가 있지. 그런데 학교는 가기 싫다고 안 오거나, 늦게 가고 싶다고 해서 늦게 와도 되는 곳이 아니란다. 학교에는 규칙이 있으니까. 그러니 앞으로는 저녁에 조금 더 일찍 자고, 제시간에 학교에 오도록 노력해 볼래?"

"네, 그럴게요. 선생님."

진희의 표정이 한결 밝아졌다. 사춘기가 시작되는 4학년 아이가 교사의 말을 수긍하는 일은 쉽지 않다. 만약 소통이 잘되지 않았다면, 아이와 꽤 오랜 시간 상담을 이어갔을 것이다. 하지만 진희는 앞으로 어떻게 행동해야 할지 이미 알고 있었다.

아이가 하교한 뒤 어머니께 전화를 드려 오늘 진희와 나눈 대화를 전해드렸다. 아이가 등교를 거부하면 부모님도 아이만큼 마음이 불편할 것이다. 앞으로 비슷한 상황이 생기면 아이에게 해주셨으면 하는 말씀도 함께 전했다.

엄마는 아이가 학교에 잘 다니는 것만으로도 행복하다. 진희의 의사 표현이 서툴러 그동안 모녀 사이의 대화가 원활하지 않았다. 그로 인해 둘 사이는 더욱 소원해졌고, 이런 상황에서 엄마는 진희에게 행동 변화를 요구하기가 한층 더 어려웠을 것이다. 비슷한 육아 시기를 겪었던 나로서는 진희와 엄마의 소통 모습이 눈앞에 그려지는 듯했다. 아이도, 엄마도 그동안 얼마나 힘들었을까. 오늘 내 조언이 이 소통의 벽을 허무는 데 조금이나마 도움이 되길 바랐다.

"어머니, 진희가 하는 말을 잘 들어주세요. 아이의 말에 깊이 공감해 주시면 진희도 어머니께 마음을 더 열 거예요. 지금은 사춘기가 시작되는 시기라 어머니의 공감이 무엇보다 중요합니다."

아이와 가까워지는 대화 방법을 알려드리자, 어머니는 열심히 노력하겠다고 약속하셨다.

"우리 엄마는 강압적이에요."

이 말은 진희가 엄마의 태도에 대해 표현한 것이다. 사실 여부보다 중요한 건, 아이가 이렇게 느낀다는 점이다. 관계는 한쪽의 노력만으로 쉽게 변하지 않는다. 하지만 아이와 부모 중 누군가가 먼저 변해야 한다면, 어른인 부모님이어야 한다고 생각한다. 그래서 나는 진희 어머니의 약속을 믿기로 했다.

"네가 엄마에 대해 그렇게 생각할 수 있어. 하지만 엄마도 진희를 위해 달라지겠다고 약속하셨으니, 진희도 엄마에게 자기 생각을 자꾸 표현하는 연습을 해보자. 엄마를 믿고 함께 노력해 볼래?"

"네, 선생님. 저도 노력해 볼게요."

"그래, 우리 진희가 참 영리하구나."

부모의 길은 멀고 험하다. 교사의 길도 마찬가지다. 아이를 바르게 키우려면, 집에서는 부모님이, 학교에서는 교사가, 그리고 이 둘은 함께 끊임없이 고민하고 노력하며 서로 소통해야 한다. 세상 모든 부모님은 아이를 위해 매 순간 노력하고 있다. 그런 부모님들을 진심으로 존경한다. 나도 엄마이기 때문이다. 그래서 이렇게 전하고 싶다.

"아이를 위해서라면 부모님이 먼저 변화해 주세요. 아이가 부모님을 믿고 탄탄한 인생길을 걸어갈 수 있도록 진지하게 소통해 주세요."

'힘내세요, 어머니, 아버지.'

수업 시간에
대답하지 않는 아이

"0번 김달래."

"……."

"달래 안 왔니?"

"아니요. 왔어요."

"그런데, 대답이 없네. 어디에 있을까? 손을 들어볼래?"

"……."

한 아이가 손을 들었지만, 대답 소리는 들리지 않았다. 대신 반 아이들이 "달래 왔어요"라고 외쳤다. 그 순간, 달래의 표정이 어두워졌다. 그 아이는 내가 자기 이름을 부르는 것조차 부담스럽게 느끼는 듯했다. 나는 그 모습을 보며, 달래에게 어떻게 말을 건네야 할지 잠시 고민에 잠겼다.

"선생님, 달래는 원래 말을 잘 안 해요."

"설마 그럴 리가 있겠니? 선생님 생각에는 오늘 처음 만나는 자리라 조금 쑥스러워서 그런 것 같아. 그래도 달래가 교실에 잘 도착한 걸 선생님이 확인했으니 걱정하지 않아도 돼."

그 순간 나는 '달래는 어떤 아이지? 왜 말을 잘 하지 않는 걸까?'라는 생각이 들었다.

새 학년이 시작되면 첫날, 나는 꼭 출석을 부른다. 한 명씩 이름을 부르며, 그 아이와 눈을 마주친 뒤, 목소리, 느낌, 외모, 자세, 집중 정도를 살핀다. 또한 그날 아이들이 하교할 때 학부모에게 보내는 기초 조사서를 통해 아이와 관련된 세부적인 정보를 추가로 확인한다. 첫날부터 출석을 부를 때, 대답이 어려운 아이에게는 절대로 부담을 주지 않으려는 것이 나의 원칙이다.

'올 한 해 동안 달래에게 마음을 써야겠다.'

그 이후에도 달래의 목소리를 듣는 건 여전히 어려웠다. 수업 시간에도 마찬가지였다. 발표를 전혀 하지 않는 달래가 모둠 활동에서는 자기 역할을 어떻게 할지 걱정됐다. 전체 학습에서 말소리가 들리지 않는 아이가 모둠 활동에서 달라질 리는 없었다. 그래서인지 달래가 있는 모둠의 친구들은 마치 달래의 자리가 빈 것처럼 활동했다. 별다른 요구를 하지 않고, 달래는 '그저 그림처럼 가만히 앉아 있는 아이'로 대했다. 그 친구들이 그렇게밖에 할 수 없는 상황을 이해하지만, 달래를 위해서라도 그대로 두고 볼 수는 없었다.

그런데 평소 조용했던 달래가 오늘은 1교시부터 바쁘다. 쉬는 시간마다 칠판 앞에 나와 서성인다. 그건 바로 칭찬 릴레이 포스트잇을 보기 위해서였다. 우리 반에서는 하루에 한 명을 정해 반 전체 친구들로부터 칭찬을 받는 행사를 한다. 교사를 포함한 반 전체 인원수만큼 칸이 나누어진 자석 칠판이 교실 앞에 붙어 있다. 아이들은 정사각형 모양의 포스트잇에 해당 친구를 칭찬하는 글을 써서 일명 '칭찬 칠판'에 붙인다. 오늘이 '칭찬 릴레이'를 시작하는 첫날인데, 그 대상이 바로 달래였다.

"달래야, 너는 차분하고 자기 일을 열심히 하는 모습이 멋져."

"얼굴도 예쁘고 옷도 잘 입는 것 같아. 우리 친하게 지내자!"

"지난번에 내가 연필 안 가져왔을 때 빌려줘서 고마웠어."

"넌 정말 부지런한 것 같아. 아침에 일찍 오는 거 힘들지 않아?"

달래는 친구들이 적어놓은 글을 읽고 조용히 웃었다. 그 모습을 보고 나는 아이의 기분이 얼마나 좋을지 짐작할 수 있었다. 평소에는 거의 표정의 변화를 보이지 않던 달래가 오늘은 마치 영화배우처럼 다양한 감정을 얼굴에 드러내고 있었다. 혼자서 고개를 들며 피식 웃기까지 한다. 달래가 그렇게 잘 웃는 아이라는 사실을 두 달 동안 미처 몰랐다.

'칭찬 릴레이를 하길 참 잘했어.'

칭찬을 받을 아이의 이름이 적히면 내가 가장 먼저 칭찬 포스트잇을 붙인다. 그 후 반 전체 아이들이 이 활동에 참여하는 데 걸리는 시간은 보통 20여 분 정도다. 오늘도 예외는 아니었다. 달래는 쉬는 시간마다 어김없이 칠판 앞으로 나와 친구들이 적은 글을 읽었다.

'아이를 변화시키는 가장 좋은 방법은 칭찬이다.'

28년 동안 교사 생활을 하면서 점점 이 생각이 짙어졌다.

아이의 긍정적인 변화를 위해 때로는 꾸짖고, 어르고, 달랜다. 그런데, 말하지 않는 아이, 아니 말소리가 들리지 않는 달래에게는 어떤 방법을 써야 할까. 누가 뭐라고 해도 방법은 단 한 가지다. 그것은 바로 '칭찬'이다. 달래의 목소리가 들리는 순간을 놓치지 말고, 칭찬하자고 결심했는데, 마침내 그런 순간이 왔다.

"달래가 이렇게 잘하고 있는 거야."

"선생님, 저는 친구들 앞에서는 말이 나오지 않아요."

"지금 선생님에게 말하는 것처럼 친구에게도 말하면 되지 않을까? 이렇게 소리 내서 말하는 게 힘들어?"

"네, 이상하게 친구들 앞에서는 말소리가 잘 안 나와요."

"그럼 이렇게 해보면 어떨까? 친구들을 선생님이라고 생각해 보자."

"그게 무슨 말씀이세요? 에이, 말도 안 돼요."

"아니야, 가능해. 연습하면 될 거야. 친구를 선생님처럼 생각하고 말하면 돼."

'출석 부르기에 대답하기, 단답형 질문에 답하기, 생각이나 느낌을 말하기'

이렇게 아이는 한 글자를 말하는 것부터 시작해서 조금 더 긴 말에 도전하면 된다.

"달래야, 여기를 교실이라고 생각하지 말고 달래가 혼자 있는 방이라고 생각해 봐. 그러면 말이 잘 나올 것 같아."

난 알고 있다. 나보다 아이가 더 소리 내어 말하고 싶어 한다는 것을. 그리고 그 과정을 내가 도와주기를 바란다는 것을.

"다음은 달래가 읽어볼까?"

"우리는 이런…."

"우와! 달래 잘한다."

우리 반 아이들은 처음 듣는 달래의 책 읽는 소리에 눈이 휘둥그레지며 소리를 질렀다. 친구들의 함성을 듣고 달래는 방긋 웃었다. 우리 반 '칭찬 릴레이'의 첫 주자가 되었던 달래가 반 친구들의 '칭찬 샤워'로 인해 '소리 내어 말하기'의 첫걸음을 뗀 것이다. 달래가 오늘의 이 시간을 시작으로 더욱더 쑥쑥 걸어 나가기를 바란다.

달래는 변하고 있었다.

"넌 잘할 거야. 자신을 믿어보렴. 우리 달래."

소통이 어려운 아이

자폐 스펙트럼.

요즘 방송에서 자주 들려 익숙해진 단어이다. ENA 채널의 드라마 「이상한 변호사 우영우」는 '천재적인 두뇌와 자폐 스펙트럼을 동시에 지닌 신입 변호사 우영우의 대형 로펌 생존기'를 담고 있다. 그렇다면 이 드라마는 자폐 스펙트럼의 어떤 면을 부각하고 싶었고, 우리에게 어떤 메시지를 전달하려고 했을까?

그동안 '자폐 스펙트럼'이라고 하면 다른 사람과 소통이 어려운 아이 정도로만 생각해 왔다. 아마도 그동안 자폐 스펙트럼이 있는 아이를 학급에서 단 한 번도 만난 적이 없었기 때문일 것이다. 그런데 올해는 바로 옆 반에 자폐 스펙트럼을 가진 아이가 있다. 다행히 우리 학교에는 그 아이에게 개별적인 도움을 줄 수 있는 특수교육

실무원이 계셔서, 만약 아이가 학교생활 중 교사나 친구들과의 소통에 어려움을 겪게 되면 가까이에서 지원을 받을 수 있다.

자폐 스펙트럼은 여러 가지 특징을 보일 수 있다. 예를 들어, 상대방과 눈을 잘 맞추지 못하거나, 자신만의 독특한 표현 방식을 사용하고, 특정 소리에 민감하게 반응하며, 때로는 특이한 신체 동작을 보이기도 한다(출처: 네이버). 요약하자면, 자폐 스펙트럼 아이는 외부 세계와 소통하는데, 어려움을 겪는 경우가 많다는 뜻이다.

다행히 옆 반의 그 아이는 소통에 큰 문제가 없어 보였고, 학교생활도 잘하고 있었다. 다만 가끔 친구들이 이해하기 어려운 말을 할 때가 있다. 그럴 때면 특수교육 실무원이 다가가 그 아이의 마음을 읽고, 친구들이나 선생님에게 전달하는 역할을 한다.

「이상한 변호사 우영우」에서 우영우는 다른 사람들이 생각하거나 들을 수 없는 부분을 찾아내고, 그것을 떠올린다. 이런 점이 자폐 스펙트럼의 특징일까? 옆 반에 있는 그 아이는 학교생활을 어떻게 하고 있을까? 복도를 지나다 보면, 그 아이가 생활하는 모습이 종종 눈에 띈다. 아이의 말이나 반응을 담담하게 받아들이고 해석하는 옆 반 담임 선생님의 태도를 보면, 오히려 마음이 놓였다.

사람들은 잘 살아가기 위해 서로 소통한다. 자기 주변의 일과 상황을 돌아보고, 다른 사람들이 알아들을 수 있는 말로 자기 생각을 표현한다. 자폐 스펙트럼을 가진 학생은 이러한 어려움을 늘 안고 살아간다. 하지만 학급에서도 어떤 아이들은 다른 사람들이 이해하기 어려운 말을 할 때도 있다. 그렇다면 교사나 친구들은 그 아이의 말을 어떻게 해석하고, 어떤 방식으로 대화해야 할까? 의미가 분명하고 쉽게 이해할 수 있는 말로 표현하는 것이 중요하다. 만약 아이가 이해하지 못한다면, 인내심을 가지고 반복해서 설명할 필요가 있다. 또한 아이가 상대방과 효과적으로 소통할 수 있도록 방법을 가르쳐주는 것도 필수적이다. 이런 노력은 부모, 교사, 그리고 사회가 함께 책임지고 나누어야 할 부분이 아닐까?

'자폐 스펙트럼을 가진 아이는 다른 아이들보다 정보를 더 자주 제공받아야 하는 경우일 뿐이다.'

이들은 어쩌면 누군가의 믿음과 기다림이 필요할지도 모른다. 그러니 어른들이 이 부분을 채워줬으면 좋겠다. 만일 또 다른 우영우가 우리 반에 들어온다면, 나는 그 아이를 이렇게 믿고 기다려 줄 것이다.

온 가족의 행사,
학예회를 마치며

"지금부터 학예회를 시작하겠습니다."

학교 강당이 북적였다. 4개 학년의 아이들은 준비된 의자에 앉아 무대 막이 오르기만을 기다리고 있었다. 행사 진행을 맡은 선생님의 안내가 울려 퍼지자, 강당을 가득 메운 학생들과 학부모들은 큰 박수와 함성으로 화답했다. 코로나로 인해 학교에서 사라졌던 학예회의 막이 4년 만에 다시 오른 순간이었다. 아이들은 오늘의 무대를 위해 한 달 동안 열심히 연습해 왔다.

"선생님, 너무 떨려요."

"평소에 너희가 연습한 대로 하면 돼. 긴장하지 않아도 괜찮아. 오늘은 너희가 챔피언이 되는 날이야."

떨린다는 아이들을 차분히 달랬다. 무대에 선다는 건 누구에게나 긴장감을 안겨준다. 학예회 준비 기간 동안 아무리 "열심히 연습하자"고 강조해도 큰 변화는 보이지 않는다. 그런데도 발표 당일이 되면, 특별히 요구하지 않아도 아이들은 평소보다 훨씬 뛰어난 모습을 무대에서 보여준다. 아이들이 변화를 보이는 이유는 무대복을 입고, 옅게 화장하고, 머리까지 손질한 외적인 변화 때문일까? 물론 그럴 수도 있다. 하지만 무엇보다도 진짜 무대에 오른다는 설렘과 긴장감이 그 변화를 끌어내는 주된 이유라는 생각이 들었다.

"무대에 오른다는 건 누구에게나 긴장되는 일이야. 너희가 좋아하는 연예인도 대부분 그럴 거야. 하지만 그 긴장감은 사람에게 꼭 필요하단다. 그러니까 오늘은 그 긴장감을 오히려 즐겨보자. 어때, 그럴 수 있겠지?"

"네, 그렇게 할게요!"

"역시 우리 반이야. 오늘은 무대를 마음껏 즐겨보자!"

김창옥 교수님이 한 강연에서 이런 말을 했다. 외국의 합창단은 공연 무대에 오르기 전에 서로에게 "무대를 즐기자"라고 말하는데, 한국에서는 "오늘 잘하자! 정신 바짝 차려!"라고 한다고. '즐기자'라는 말은 부담감을 줄이고, '잘하자'라는 말은 긴장감을 높인다. 그래서 나도 아이들에게 "즐기는 무대를 만들어 보자"고 말했다. 그랬더니 아이들은 환한 웃음으로 화답했다. 사실 긴장감을 즐긴다는 게 말처럼 쉬운 일인가? 그러나 아이들은 내 말 한마디에 표정을 바꿨다. 그리고 진정으로 무대를 즐기려는 모습을 보여주었다.

내가 한 말에 진심으로 잘 따르는 아이들을 볼 때마다 생각한다.

'아이는 어른의 스승이다.'

무대복으로 갈아입은 자기 모습에 만족한 듯, 아이들은 들뜬 얼굴로 서로를 바라본다. 친구의 옷을 매만져 주며 서로를 위로하고, 합창에 들어가는 동작을 부분 연습하며 노래를 흥얼거린다. 이렇게 하면 발성 연습도 되어 실제 무대에서 긴장하지 않는 효과를 준다. 이런 순간에도 어떤 아이는 오늘 공연에 엄마가 보러 오지 않는다고 시무룩해하고, 다른 아이는 자기 모습을 볼 부모님을 생각하며 한껏 들떠 있다.

"이제 우리 차례야."

'우와!'

함성이 터졌다. 이 소리의 주인은 우리 반 학부모들이 아닐까. 무대 음악이 시작된 후 6분여가 흐르고, 우리 반의 공연은 무사히 끝났다. 프로그램 제목은 '리듬 속에 그 춤'이었다. 학예회 무대 공연의 제목은 몰입감을 주는 것이 중요하다. 그런 제목이 관객들의 호기심을 끌어낸다. 아이들의 몸동작과 음악이 잘 어울린다는 의미를 담아 지은 제목이다. 마지막 동작이 끝난 후 부모님들이 아이들의 모습을 촬영할 수 있도록 5초간 멈춤 동작을 넣었다. 일명 'Photo time'이다.

"열심히 준비한 0학년 0반의 공연에 큰 박수를 부탁드립니다."

아이들의 몸동작은 어른과 다르다. 또한 같은 초등학생이라도 저학년과 고학년은 차이가 있다. 더 나아가, 지도교사가 무대를 기획한 의도와 포인트에 따라 아이가 만들어 내는 동작과 느낌에는 세밀한 차이가 있다. 오늘은 초등학생이 무대에서 표현할 수 있는 것과 학부모가 원하는 것 사이의 조화를 이 무대에서 보여주고 싶었다. 그 조화가 충분히 발휘되었음을, 박수의 크기가 증명했다.

우리가 퇴장하는 사이, 무대는 다음 공연을 위한 세팅이 이루어진다. 그 시간 동안 마이크를 통해 흘러나오는 사회자의 대사를 들으며 우리 반 아이들은 무대 뒤로 퇴장했다. 아이들은 한 달 동안의 연습이 헛되지 않았다는 걸 느끼면서도, 자신이 보인 무대 공연에 만족할까? 어떤 일을 끝낸다는 건 후련함과 아쉬움을 동시에 느끼게 한다. 이러한 감정들이 다음 무대를 더 발전시키는 계기가 된다. 아쉬움과 뿌듯함이 함께하는 그 경험, 그것이 바로 무대가 주는 배움이다.

아이들이 무대에서 퇴장하면 그들을 따르는 또 하나의 행렬이 만들어진다. 그것은 바로 아이들을 격려하는 학부모들이 만드는 줄이다. 내 아이를 향해 미소를 보내며 그 두 손에 꽃다발을 쥐여주는 엄마, 아빠, 할머니, 할아버지, 이모, 삼촌 등. 가족이나 지인으로서 최선을 다해 내려오는 아이에게 힘을 주고 싶어 하는 모습이다. 그런 모습을 보면 그 순간, 나는 담임교사가 아닌 23명 아이의 엄마가 된다.

"아이들 사진 많이 찍어주세요. 잠시 기다려 드릴게요."

삼삼오오 운동장에 퍼져 있는 우리 반 아이들과 그 가족들의 모습을 보며 흐뭇하게 미소 지었다. 아이 한 명을 세워놓고 독사진을 찍거나, 아이와 함께 셀카를 찍는 엄마, 본관을 배경으로 아이의 사진을 찍어주는 아빠 등 다양한 모습이 펼쳐지며 그 소중한 시간을 카메라에 담고 있다. 다시 오지 않을 이 순간을 저장할 충분한 시간을 아이들과 가족들에게 주고 싶었다. 나는 엄마로서 그런 기회가 없었지만, 적어도 우리 반 아이들에게는 이 소중한 시간을 넉넉히 담아 두기를 바랐다.

"선생님, 저희 아이와 같이 계시는 모습을 한 장 찍어도 될까요?"

"네, 그럼요."

요즘은 부모님들이 학교 행사에 오셔도 담임교사와 인사를 나누기가 쉽지 않다. 시간이 부족해서 그렇기도 하고, 선생님에게 부담을 주지 않으려는 마음도 클 것이다. 그런데 막상 우리 반 학부모가 담임교사와 함께 사진을 찍고 싶다고 하시니 반갑고 고마운 마음이 들었다. 마치 20여 년 전 초임 시절로 돌아가는 듯한 기분이 들었다. 시간이 흐르면서 교직 분위기는 많이 달라졌지만, 이런 짧은 말에서 느껴지는 따뜻함은 여전히 좋다. 아이와 나란히 서서, 어머님의 손에 든 휴대폰 카메라에 집중했다.

'얘들아, 오늘 이 시간이 행복했으면 좋겠다.'

'학예회 공연을 통해 너희가 더 성장했으면 한다.'

'오늘 무대를 당당히 꾸민 너희가 자랑스럽다.'

교사는 방학에
무엇을 할까?

"도둑질 빼고는 다 배워야 한다."

이 말은 내가 중학생 시절, 우리 반 선생님께서 해주신 말씀이다. 그만큼 사람에게는 다양한 체험이 중요하다는 의미인 것 같다. 하지만 이 말은 학생에게만 해당하는 것이 아니다. 특히, 학생의 변화에 영향을 미치는 교사에게는 더 많은 의미 있는 체험이 필요하다고 생각한다.

'방학은 교사에게 근무지를 벗어난 연수 기간이다.'

이 사실을 모르는 사람들이 많아서 '교사는 방학 동안 논다'고 말하는 경우가 많다. 한 번은 동네 가게 사장님이 나에게 "선생님은 요즘 방학이라 놀아서 너무 좋으시겠어요"라고 말씀하신 적이 있었다. 하지만 사실 교사는 방학 동안 집에서 꼼짝할 수 없다. 학기 중에는 학교에서 근무하지만, 방학 동안에는 그 근무지가 집으로 옮겨지기 때문이다. 그래서 방학 동안 교사는 집에서 업무를 보고 연수를 듣는다. 또한 학교에서 근무 중 출장이나 기타 사유로 학교를 비울 일이 생기면 사전 결재를 받아야 하듯, 방학 동안에도 마찬가지로 결재 절차가 필요하다. 개인적인 일정이 있으면, 교사는 주어진 개인 연가를 활용하여 이를 조정한다. 이런 사실을 모르는 분들이 '논다'는 표현을 쓸 때면, 일일이 설명하기도 어렵고 마음만 답답하다.

"오는 중이니?"

"네, 거의 도착했어요."

오늘은 두 분의 교직 선배님과 함께 집합 연수를 받는 날이라 학교 수업이 끝나자마자 교문을 나섰다. 그중 한 선배님은 20분 거리에 근무하셔서 우리가 있는 곳으로 픽업해 주기로 하셨다. 우리 세 명이 함께 신청한 세 시간짜리 연수 중 오늘은 마지막 한 시간을 채우는 날이다. 사실 교사가 '수업, 회의, 업무, 기타' 여러 가지 사정으로 학기 중에 '집합 연수'를 받기란 쉽지 않다. 그래서 대부분 방학 동안에 연수를 받는다.

오늘 연수의 내용은 '건축학' 관련이었다. 우리 셋은 연수가 진행될 강당 입구에 비치된 연수 대장에 이름을 썼다. 이미 도착한 선생님들이 강당 자리를 반 이상 채우고 계셨다. 연수는 2시간짜리로 진행되었고, 6시가 훌쩍 지나 끝이 났다. 연수가 시작될 때는 밝았던 하늘이, 강당에서 나올 때쯤에는 어둠이 짙게 내려 있었다. 그때 여고 시절 밤 10시, 야간 자율학습을 마치고 하교할 때 학교 건물 스피커에서 흘러나오던 음악 소리가 귓가에 들리는 듯했다.

오늘의 연수를 끝으로 두 분 선배님과 함께한 3주간의 연수 일정이 마무리되었다. 우리는 주 1회 간격으로 세 번 만났고, 연수는 주로 내가 근무하는 학교 인근에서 진행되었다. 두 번은 강의식 수업이었고, 한 번은 현장 체험활동이었다. 아쉽게도 한 개의 연수는 학교 행사와 겹쳐서 포기했지만, 나머지 두 번은 무사히 이수할 수 있었다. 배움이라는 게 이런 것일까. 짧은 시간이었지만, 매일 가르치기만 하던 나에게 영혼을 씻어주는 듯한 느낌을 주었다. 그래서 연수를 마치면서, 앞으로도 시간이 맞는다면 이런 연수 기회를 자주 만들어야겠다고 생각했다.

'에듀마켓'은 교사가 공문을 통해 안내받은 연수 중에서 받고 싶은 연수를 마트에서 마음에 드는 물건을 장바구니에 담듯이 골라서 신청할 수 있는 연수 신청 방법이다. 덕분에 오랜만에 인문학 수업도 듣고, 예술회관에서 진행되는 공연도 관람할 수 있었다. 사실 에듀마켓을 사용한 것은 거의 5년 만인데, 예전에 동학년 선생님들과 수업이 끝난 후 차를 달려서 들었던 연수가 떠올랐다. 그때 이렇게 차를 타고 오가며 많은 이야기를 나누고, 좋은 시간을 보내다 보면 서로의 사이도 더욱 돈독해지는 것 같다.

"우리 저녁 먹으러 갈까?"

연수가 끝난 후, 우리 셋은 출출한 배를 채우러 가기로 했다. 두 선배님 중 한 분은 학교 다닐 때 자주 뵀지만, 현직에 나와서는 만날 기회가 거의 없었다. 이번 연수를 통해 오랜만에 만났으니, 개인적인 식사 자리를 통해 그동안 못다 한 이야기를 실컷 나누고 싶었다.

"우리 이제 연수 끝난 건가? 다음에는 어떤 공부를 하지?"

"앞으로도 연수는 계속 이어지니까 꾸준히 신청해서 듣는 걸로 해요."

"그래. 그러자."

저녁을 먹으면서 우리는 늘 무언가를 배우는 삶을 살기로 약속했다.

우리 셋은 이렇게 '평생교육'을 몸소 실천하게 될 모양이다.

스승의 날이
필요할까?

달력을 넘기다 5월이 되면 5월 15일, 스승의 날을 가장 먼저 찾게 된다. 그 이유는 그날이 제발 등교일이 아니기를 바라는 마음에서다. 초등학교 시절, 스승의 날에 선생님들이 내 눈에는 행복해 보였다. 교탁 위에 쌓인 선물들 앞에서 아이들이 부르는 '스승의 날' 노래를 듣고 계시는 모습을 보며 어린 나는 '교사'라는 꿈을 꾸었다. 하지만 막상 교사가 되니, 오히려 이런 생각이 든다.

'그때의 선생님은 스승의 날에 마냥 행복하기만 하셨을까?'

교직도 하나의 직업이니, 그 속에는 희비애락(喜悲哀樂)이 있음을 알게 되었다.

매년 스승의 날이 되면 마음이 불편하다. 그날 어쩌다 내 손에 종이꽃이라도 하나 들려 있으면, 집에 가는 길에 눈치가 보인다. 사실

누가 내 손과 꽃 한 송이에 큰 관심을 가질까 싶기도 하지만, 자꾸 손을 가리거나 그 꽃을 가방에 숨긴다.

"선생님, 교실에 절대 들어오지 마세요."

10년 전, 그해 스승의 날도 예년과 다르지 않았다. 딩동댕. 1교시 수업이 시작되기 전, 평소처럼 출근해서 복도를 지나 교실로 향했다. 도착해서 교실 문을 열어보니 잠겨 있었다. 복도 창문 틈으로 안을 들여다보니 우리 반 아이들이 대부분 도착해 있었다. 무슨 일이지? 게다가 교실의 복도 쪽 창문은 커튼으로 가려져 있었고, 아이들은 숨죽여 무언가를 한다. 그중 두 명의 아이는 복도에 서서 내가 교실로 오는지를 지켜보더니, 걸어오는 나를 보고 화들짝 놀라면서 이렇게 소리쳤다. 나는 그렇게 교실에 들어가지 못하고 학년 연구실로 갔다. 나와 똑같은 이유로 교실에 가지 못한 선생님이 세 분 계셨다. 그 후 10분 정도 시간이 지나고, 우리 반 회장이 나를 찾아왔다. 나는 회장을 따라 교실로 걸어갔다. 내가 연구실에 머물렀던 그 10여 분 동안 우리 반에서는 무슨 일이 있었을까? 100여 걸음을 걸어 도착한 교실의 출입문은 여전히 닫혀 있었다. 문틈으로 들여다보니 교실 안은 이렇게 꾸며져 있었다. 동그란 풍선 50여 개가 천장에 붙어 있었고, 초록 칠판 가득 아이들이 쓴 글씨와 그림이 있었다. 다양한 색깔의 분필로 쓴 글씨들이 내 눈에 들어왔다.

"선생님, 사랑해요."

평소 내 얼굴을 보고는 절대 하지 않을 쑥스러운 표현들이 칠판을 가득 채우고 있었다. 칠판 앞에는 책상 두 개가 붙어 있고, 그 위에는 초코파이로 만든 4층 탑이 놓여 있다. 그제야 아이들이 나를 연구실로 보낸 이유를 알 것 같았다.

"선생님, 이제 들어오세요."

"그래, 알았어."

"하나, 둘, 셋."

"스승의 은혜는 하늘 같아서~~~"

아이들 사이에서 익숙한 멜로디가 흘러나왔다. 가슴이 울컥하고 눈물이 핑 돌았다. 아이들이 내가 훌쩍거리는 걸 볼까 봐 칠판 쪽으로 몸을 돌렸다. 아이들에게 고마운 마음이 내 가슴을 가득 채웠다. 우리 반 아이들이 그 작은 손으로 이 순간을 만들기 위해 얼마나 애를 썼을까. 여러 명이 마음을 모아 만든 장면이 내 눈을 뜨겁게 만들었다.

"선생님, 우세요?" 하고 장난스럽게 묻거나, 별생각 없이 덤덤한 표정을 짓는 아이도 있었다. 내 눈물이 제법 마를 때쯤, 나는 아이들 쪽으로 몸을 돌리며 말했다.

"정말 고마워."

"선생님, 저 오늘 아침 7시에 학교에 도착했어요."

"저도요. 저도요."

자신들의 노고를 알아달라는 듯 우후죽순 말을 잇는 귀여운 아이들을 보며 웃음이 났다.

"오늘은 뭐 할까?"

"선생님이 편안하셔야 하니까 영화 볼까요?"

이 녀석들, 스승의 날을 핑계로 수업을 피하고 싶은 모양이다. 그 마음을 뻔히 알지만, 오늘 아침 일찍부터 나를 위해 애썼을 아이들에게 가벼운 보상이라도 주고 싶었다.

"선생님도 기억에 남는 선생님이 계셔. 그분은⋯."

나는 지금도 내 마음에 남아 있는 학창 시절 선생님에 관한 이야기를 아이들에게 들려주었다. 초, 중, 고등학교 시절, 내게 긍정적인 영향을 주신 세 분의 선생님에 관한 이야기였다. 우리 반 아이들에게는 흥미로운 주제였을까? 아이들은 내 이야기에 한껏 집중했다. 그렇게 눈을 반짝이며 듣는 모습은 처음이었다. 반대로, 그들의 순수함에 나도 빠져들었다. 누군가는 "요즘 아이들은 감정이 메말랐다"고 말하지만, 나는 "그렇지 않아요"라고 자신 있게 대답할 수 있다. 오늘 우리 반 아이들과 함께한 '스승의 날'은 마치 곰국처럼 진하게 우러난 드라마 한 편을 찍은 듯한 느낌이었다.

몇몇 학부모님은 스승의 날에 감사의 문자를 보내오신다. 그럴 때마다 '나도 아이의 담임선생님께 그런 문자를 보내야 하는데'라고 생각하지만, 내가 교사이다 보니 오히려 불편함을 드리는 건 아닌가 싶어 연락을 피하게 된다.

한동안 나는 이런 생각을 했다. '스승의 날이 정말 꼭 필요할까?' 굳이 일 년 중 하루를 따로 정해 스승에게 감사의 마음을 전해야 할까? 내가 가르치는 아이들에게 "선생님께 감사한 마음을 가져보자"고 말하는 게 어색하다. 아니, 그런 장면을 피하고 싶다. 마치 "너희들, 나한테 잘해야지"라고 말하는 느낌이 들어서다. 그런데 어느 순간부터 그 생각이 조금씩 바뀌었다. 아이들은 매년, 그리고 어떤 순간에 스승이라는 이름으로 누군가를 만나고, 그들에게서 가르침을 얻는다. 나에게 무엇인가를 가르쳐 주는 사람에 대한 고마운 마음을 가지는 것은 자연스러운 일이다. 또한, 그 마음이 아이에게 더 큰 배움을 주기도 한다. 그렇다면, 일 년 중 단 하루만이라도 그 스승님에게 감사와 존경의 마음을 전하는 것은 교육적으로 충분히 의미가 있다고 생각한다.

그래서 이제는 이렇게 말해본다.

"스승의 날은 필요합니다."

{
사춘기 자녀를 둔 부모님께
꼭 말하고 싶은 2가지
}

어젯밤 9시쯤 우리 반 원주의 어머니께서 문자를 보내셨다.

"선생님, 원주가 오늘 학교에서 돌아온 후 지금까지 계속 울고 있어요. 무슨 일이 있었냐고 물어보니 선생님께 꾸중을 들었다고 하더라고요. 어떤 상황인지 잘 몰라서 연락드리게 됐습니다. 잠시 통화 가능하실까요?"

어제 원주는 복도에서 뛰다가 다른 반 아이와 부딪혔다. 예전에 근무했던 학교에서도 비슷한 일이 있었던 기억이 떠올랐다. 당시 한 아이가 복도에서 달리다가, 마침 교실 앞문을 열고 나오던 다른 아이와 충돌한 일이었다. 그때 복도에서 뛰던 아이의 머리에서 피가 흘렀고, 나는 깜짝 놀라 급히 지혈한 뒤 보건실로 데려갔다. 응급 처치를 마친 뒤 부모님께 연락을 드렸고, 아이의 어머니께서 학교로 오셔서 병원 응급실로 함께 가셨다. 다행히 큰 부상은 없었지만, 그 일을 계기로 복도에서 뛰는 아이들을 볼 때마다 늘 걱정스러운 마음이 든다.

그래서 원주가 복도에서 뛰는 모습을 보고 매우 걱정이 되었다. 아이에게 복도에서 뛰면 안 되는 이유를 차분히 설명했지만, 꾸중하거나 큰소리를 내지는 않았다. 그런데도 원주는 그 상황을 불편하게 느꼈던 것 같다.

아이가 울고 있다는 말을 들으니 안쓰러운 마음이 들었다. 통화 중에 원주의 어머니께서는 위에서 언급한 일에 대해 따로 말씀하지는 않으셨지만, 요즘 원주가 부쩍 예민해졌다고 걱정스러워하셨다. 사춘기는 아이마다 시기가 다르다. 빠르면 초등학교 저학년에도 시작되지만, 대부분은 5~6학년쯤에 나타난다. 이 시기가 되면 부모님과 갈등이 잦아지고, 아이는 이전과 달리 자기 의견을 강하게 주장하기 시작한다. 이는 아이가 성장하는 과정에서 자연스럽게 나타나는 현상이므로, 부모님께서 아이의 의견을 이전보다 더 잘 들어주고, 두 사람 사이에 생기는 마찰을 원만하게 조율해 나가는 것이 중요하다.

"원주가 마음을 더 단단히 키워나갈 수 있도록 함께 도와야겠어요. 아이가 성장하고 있는 과정이니, 조금 더 믿고 기다려 주시면 좋겠습니다."

원주의 학교생활에 대해 잘 모르시는 어머니께서는 여러 가지 걱정이 많으셨을 것이다. 늦은 밤에 받은 문자에는 바로 답하지 못했지만, 다음 날 아침 학교에 출근하자마자 어머니께 전화를 드렸다.

교사가 학부모와 원활한 상담을 진행하려면, 아이에 대해 깊이 고민하고 있다는 신뢰감을 전하는 것이 중요하다. 이는 학부모와의 상담을 부드럽고 효과적으로 이끄는 데 필수적이다. 그러나 일반적으로 교사와 학부모 간의 상담은 그 자체로 불편한 경우가 많다. 이런 상황에서 교사는 최대한 객관적으로 의사를 전달해야 하지만, 말에는 언제나 오해의 가능성이 따른다. 그래서 학부모에게 건네는 한마디 한마디에 신중할 수밖에 없다. 이런 이유로 신규 교사 시절에는 학교 업무보다 학부모 상담이 훨씬 더 어렵게 느껴졌던 기억이 난다.

나는 학부모와 상담할 때 '부모'의 마음을 이해하려 한다. 실제로 두 아이의 엄마로서 학부모의 마음에 공감할 수 있고, 그런 내 모습을 본 학부모들도 안도감을 느낀다. 상담하다 보면 부모님이 육아 과정에서 이미 상처를 겪고 계신 경우가 종종 있다. 그런데 아이와 관련해 교사가 자주 연락하면, 그 상처가 더 깊어질 수 있다. 아이는 독립된 존재이기 때문에 부모의 마음처럼 모두 따르지는 않는다. 돌아보면 나 역시 사춘기 때 부모님 뜻대로만 행동하지 않았던 것 같다. 담임교사가 학부모의 어려운 입장을 인정하고 공감한다면, 효과적인 상담이 이루어질 수 있다. 물론 이 공감만으로 아이와 관련된 모든 문제가 해결되는 것은 아니지만, 대부분 교사와 학부모 간의 공감대가 형성되면 긍정적인 효과를 낳는다. 이는 부모님의 '아이를 향한 무조건적인 사랑'에서 비롯된 것이 아닐까.

"원주가 더 씩씩하게 자랄 수 있도록 지켜보며 돕겠습니다."

원주를 잠시 내 자리로 불렀다. 아이는 어제보다 더 편안한 표정을 짓고 있었다. 그런 원주를 보니 마음이 놓였다. 교직은 아이의 마음을 어루만지는 직업이다. 그래서 교사는 학부모와 소통하며 아이의 마음을 성장시키는 방법에 대해 끊임없이 고민해야 한다.

학부모 상담을 해보면 아이와 소통하는 데 어려움을 겪고 있다는 말을 자주 듣는다. 그중에서도 특히 사춘기 자녀를 둔 부모님께 드리고 싶은 두 가지를 적어본다.

첫째, '내 아이를 옆집 아이처럼 대하기'

아이가 예민할 때 부모님이 격한 표현을 쓰거나 과민하게 반응하는 경우가 있다. 이런 반응은 오히려 상황을 악화시킬 수 있다. 아이의 말과 행동을 조금 더 세심하게 관찰하고, 잘하는 점은 칭찬하고, 잘못한 점은 바르게 안내하면 된다. 이 과정을 차분하게 꾸준히 실천하는 것이 중요하다. 이때 가장 필요한 것은 '아이를 존중하는 마음'이다. 내 아이라고 해서 함부로 대하지 말자. 우리는 남의 아이에게는 화를 내지 않고 차분하게 대할 것이다. 그런데, 가장 소중한 내 아이에게는 오히려 더 함부로 말하거나 행동하는 것은 아닌지, 부모님께서는 한 번 돌아보시기를 권한다. 가정에서 내 아이를 충분히 존중해 주면, 그 아이는 다른 자리에서도 존중받는 것이 익숙해질 것이다. 아니, 존중받을 것이다.

둘째, '잔소리 줄이기'

아이가 뭔가를 하고 있을 때 부모님이 자꾸 개입하면서 여러 가지 말을 하는 경우가 있다. 물론 부모님은 아이가 잘하기를 바라는 마음에서 하는 말이지만, 아이는 이런 상황에서 부모님의 눈을 의식하게 되어 예민해지거나 자신감을 잃을 수 있다. 아이는 실패를 통해서도 성장한다. 그 결과를 겸허히 받아들이고, 진행 과정에서 부족했던 부분을 되돌아보며 채워나갈 것이다. 이때 부모는 그 과정을 지켜보며 아이가 잘 성장할 수 있도록 지원해야 한다. 그러니 아이와 조금 떨어져 지켜보다가, 아이가 도움을 요청할 때는 반드시 도와주는 것이 중요하다. 이렇게 하면 아이는 편안한 마음으로 실패를 두려워하지 않게 되고, 예민함도 줄어들 것이다. 부모님에게는 느리게 변화하는 아이의 모습이 제자리걸음처럼 보일 수 있지만, 사실 아이는 성장의 길을 걷고 있다. 그러니 아이가 어떤 일을 진행하는 과정에서 조급함을 버리고, 그가 잘할 거라는 믿음을 가져보자.

육아는 교사와 학부모가
함께 풀어가는 '협력학습'이다

"밥 먹는 게 죽는 것보다 힘들어."

금쪽이네 가족은 저녁 식사를 위해 주방 식탁에 모여 있었다. 네 명의 가족 앞에는 갖가지 음식이 골고루 차려져 있었지만, 금쪽이는 그 어느 음식에도 손을 대지 않았다. 아이의 이 한마디에 엄마와 아빠는 멍한 표정으로 서로를 바라보며 당황한 기색을 감추지 못했다. 이런 상황이 하루 이틀의 일이 아니었던 듯, 가족 모두는 어쩔 줄 몰라 보였다. 자식이 음식을 앞에 두고 이렇게 말한다면 부모의 마음은 이루 말할 수 없이 아플 것이다. 게다가 '죽는다'는 단어까지 언급되면 부모의 가슴은 무너져 내릴 수밖에 없다.

채널A 「요즘 육아 금쪽같은 내 새끼」에 출연한 금쪽이네 가족에게 오은영 선생님이 권한 처방은 '입원 치료'였다. 건강을 심각하게 위협받던 금쪽이에게는 적절하고 필요한 조치였다. 병원에서 치료받은 후, 금쪽이는 다행히 점차 회복되었고 체중도 약 6kg 정도 증가하며 건강을 되찾는 모습을 보였다. 그러나 가족들의 안도감은 오래가지 않았다. 퇴원 후 집에 들어서는 순간, 금쪽이의 표정은 싸늘하게 변했다. 아이는 동생과 아빠를 보자마자 얼굴이 붉어지며 입원 전의 모습으로 돌아간 듯 엄마에게 어리광을 부리고 떼를 쓰기 시작했다. 금쪽이의 돌발적인 행동에 엄마는 당황한 나머지 어쩔 줄 몰라 하며 아이의 비위 맞추기에만 급급했다. 그러나 엄마가 달래려 하면 할수록 금쪽이의 요구는 점점 더 과도해지고 황당해져 상황은 오히려 악화될 뿐이었다. 동생에 대한 미움은 퇴원 후에도 여전했고, 병원에서 회복되었던 식성은 집에 돌아오자마자 급격히 사라졌다. 집안은 다시금 금쪽이의 울음소리로 가득 찼으며, 가족들은 그 소리를 피하려 귀를 막고만 있었다. 동생은 더 이상 가족에게 괴로움을 주지 않으려는 듯, 누나가 주는 고통을 묵묵히 참아내고 있었다. 그런 모습은 마치 동생이 아니라 오빠처럼 의젓해 보였지만, 그만큼 더 안타깝고 가슴 아팠다.

금쪽이는 통제적인 성향이 강한 아이였다. 가장 가까운 가족인 엄마, 아빠, 동생을 자기 뜻대로 하려 했는데, 금쪽이의 통제가 가장 잘 통하는 대상은 엄마였고, 그다음이 아빠였다. 그러나 동생은 금쪽이의 노력에도 통제에서 벗어나 있었고, 이는 금쪽이가 동생을 미워하게 되는 계기가 되었다. 전문가의 이러한 분석을 통해, 과연

이 가족은 이 깊은 수렁에서 벗어날 수 있을까?

탁구장을 찾은 금쪽이네 가족은 함께 즐겁게 지내려고 했다. 그러나 기대와는 달리, 그날도 순탄하지 않았다. 처음 탁구를 배우는 금쪽이는 어색함을 느꼈고, 잘하고 싶었지만 뜻대로 되지 않았다. 결국 금쪽이는 짜증을 내며 울기 시작했고, 엄마는 그런 금쪽이를 달래려 했지만, 아이는 쉽게 눈물을 멈추지 않았다.

"진정되면 엄마에게 와!"

"……"

금쪽이는 한 번도 보지 못한 엄마의 단호한 모습에 당황했지만, 아빠의 응원을 받으며 불안한 마음을 달래고 있었다. 엄마는 '조금만 기다리자'는 마음으로 금쪽이가 스스로 진정한 뒤 찾아오기를 기다렸다.

잠시 후, 금쪽이는 엄마에게 다가가 조심스레 말했다.

"잘하고 싶은데 잘 안돼서 속상했어요."

엄마는 금쪽이의 말을 듣고 따뜻하게 미소 지으며 말했다.

"이렇게 말로 해 줘서 고마워."

그리고 금쪽이를 부드럽게 안아주었다. 그날 금쪽이네 가족은 함께 신나게 탁구를 즐겼고, 그 이후 매일 조금씩 변해가는 모습을 보였다. 금쪽이도 점점 긍정적으로 달라져 갔다. 금쪽이가 변할 수 있었던 데에는 온 가족의 노력이 있었다. 그 노력 덕분에 금쪽이네는 함께 성장해 나갈 수 있었다.

"키우기 어려운 아이입니다."

금쪽이의 생활 모습을 관찰한 후 오은영 박사님이 하신 말씀이다. 나는 이 이야기를 듣고 생각해봤다.

'세상에 키우기 쉬운 아이가 과연 있기는 할까?'

한 반의 담임교사를 맡으면 일 년 동안 20여 명의 아이들을 지도하게 된다. 이 아이들과 함께 입학식, 현장 체험학습, 급식 지도, 운동회, 학예회 등 다양한 활동을 진행한다. 아침 자습, 걷기, 중간 체육 등을 포함해 매일 4~5교시 수업을 한다. 이 시간 동안 아이 한 명 한 명이 충분히 이해할 수 있도록 설명해야 하며, 힘들어하는 아이에게는 개별지도가 병행된다. 수업 시간에 이해가 부족한 아이는 필요하다고 판단될 경우, 방과 후 교실에 남아서 보충 학습을 진행한다. 어떤 때는 입에서 단내가 날 정도로 힘든 하루를 보내기도 하지만, 아이들이 내 말을 잘 따라주는 모습을 보면 힘이 난다. 그럴 때마다 나는 항상 감사한 마음을 느낀다. 우리 집에는 두 아이가 있다. 인원수로 보면 우리 반의 20여 명과 비교할 수 없이 적지만, 때때로 이 두 아이를 키우는 일이 우리 반 아이들을 지도하는 것보다 훨씬 더 무겁게 느껴진다. 그래서 우리 반 학부모님들이 얼마나 힘들게 아이를 키우는지 보고 듣지 않아도 나는 그 마음을 잘 알 것 같다.

"육아는 힘든 과정이지만, 부모님이 아이가 타고난 재능을 충분히 발휘할 거라고 믿어주시기만 하면 좋다고 생각해요."

아이가 아침마다 늦잠을 자는데 아무리 이야기해도 어머니의 말씀을 듣지 않는다는 연락을 받았다. 물론, 그 아이는 아침마다 학교에 지각한다. 학교생활에 영향을 미칠 정도라면 교사의 지도가 필요하다. 아이를 불러서 "밤 10시 전에 자고, 아침에는 7시쯤 일어나면 좋겠어"라고 말했다. 그랬더니 다음 날부터 아이는 내 말대로 실천했고, 늦잠을 자지 않았다. 그리고 등교 시간을 넘기지 않고 교실에 도착했다. 이처럼 부모님이 집에서 아이를 변화시키기 어렵지만, 교사의 도움으로 잘 이겨내는 예도 있다. 나도 엄마로서 내 아이가 학교에서 어려움을 겪을 때, 담임선생님께 도움을 요청한다. 그때 선생님께서 내 아이에게 관심을 가지고 따뜻하게 지도해 주셨으면 하고 바란다. 반대로 학교에서 아이를 지도하다 보면 집안에서 아이가 어떻게 지내는지 궁금해진다. 그럴 때는 학부모님에게 연락해서 가정에서의 아이의 모습을 묻는다. 이렇게 학부모 상담을 하다 보면 학교에서 아이가 보이는 불편한 양상을 조금 더 쉽게 해결할 수 있게 되기도 한다. 이렇게 육아는 교사와 학부모가 함께 해결해 나가는 '협력학습'이라고 생각한다. 그래서 이 순간, 이 말씀을 드려본다.

"부모님, 아이의 교육적 성장을 위해서는 반드시 교사에게 손을 내밀어 보세요."

교사의 이야기에
귀 기울여주세요

"재만아, 바르게 줄을 서 보자."

"왜요?"

초등학교 4학년 정도면 대체로 존댓말을 잘 사용하지만, 재만이
는 그렇지 않다. 항상 이런 식으로 나에게 대답한다. 물론 친구들에
게는 그렇지 않다. 그렇다면, 어른에게만 적대적인 태도를 보이는
걸까? 그 이유는 무엇일까?

아이의 행동을 교정하려고 했지만, 쉽지 않았다. 3월부터 시작해
서 6개월 이상 지도를 해도 재만이의 언어 습관에는 큰 변화가 없
었다. 그래서 이 부분에 대해 아이의 부모님과 상의하고 싶었다. 하
지만 선뜻 전화를 걸지 못한 채, 아이의 어머니 전화번호를 눌렀다
가 끊기만 몇 번 반복했다.

이 시점에서 학부모와의 상담이 재만이 행동 교정에 얼마나 긍정적인 효과를 보일지 판단이 필요하다. 재만이 어머니는 평소 내가 아이에 대해 하는 말에 거부반응을 보이는 경우가 많았다. '아이가 학교에서 보이는 모습'을 사실로 인정하려 하지 않는다는 뜻이다. 학부모님이 이런 태도를 보일 때, 교사가 가정에서 아이를 지도해 달라고 요청하는 것은 모험일 수 있다. 그건 오히려 반감을 사게 될 것이다. 그렇다면 이런 가정과의 연계 교육이 잘되지 않는다고 해서 교사가 아이의 행동 변화에 대한 기대를 버려야 할까?

그렇지 않다. 물론 가정과의 연계 교육이 동반된다면 아이의 행동 변화가 훨씬 원활하겠지만, 학부모와의 소통이 어렵다고 해도 학교에서는 꾸준히 아이를 지도해야 한다. 아이가 수위 높은 위험 행동을 하지 않도록 지도하며, 큰 사고가 일어나지 않기를 늘 지켜봐야 한다. 부적절한 행동으로 인해 아이들 간의 분쟁이 없기를 바라지만, 자기 행동이나 감정 조절이 되지 않는 아이에게는 언제든지 발생할 수 있는 일이다. 아니나 다를까, 재만이는 위의 일이 발생한 지 한 달도 채 지나지 않아 한 여자아이에게 주먹을 휘둘렀다. 그 일로 인해 놀란 여자아이의 어머니께서 내게 연락하셨다. 나는 일어난 상황을 충분히 전달해 드렸고, 다행히도 두 부모님이 직접 만나 대화를 나누셔서 상황이 잘 해결되었다고 들었다. 보통 이런 경우에는 교사가 아이들을 불러서 지도하지만, 이 일은 양쪽 부모님께서 요구하시는 대로 이렇게 마무리되었다. 그러나 재만이의 행동이 근본적으로 바뀌지 않는다면, 앞으로도 이와 비슷한 상황이 계속 생길 수 있다.

사람은 장소와 주변 인물에 따라 조금씩 변한다. 이건 아이도 마찬가지다. 따라서 아이는 집과 학교에서 보여주는 모습이 서로 다를 수 있다. 집은 아이가 편안하게 느끼는 장소인 데다 가족들이 자신에게 늘 맞춰주지만, 학교는 학습의 공간이라 아이는 집보다 조금 더 긴장하게 된다. 그래서 두 장소에서 아이가 보여주는 모습이 반드시 같을 수는 없다.

또한, 부모와 교사는 아이가 느끼기에 확연히 온도 차이를 지닌 대상이다. 부모는 내 아이에게만 집중하고, 한없이 포용적이다. 하지만, 교사는 그렇지 않다. 학급의 아이를 공평하게 대하고, 객관적인 시각으로 모든 상황을 판단한다. 이런 모습이 때로는 아이에게 차갑게 느껴지거나 두렵기까지 할 때가 있다.

학교에서 일어난 일에 대해서 아이가 가정에 전달할 때, 때로는 사실과 조금 다르게 표현할 수도 있다. 그 일이 일어난 시간차로 인해 자연스럽게 정확성이 떨어질 수도 있지만, 부모님에게만큼은 자신의 좋은 모습만을 보여주고 싶은 마음에서 그런 경우도 있다. 그러니, 부모님이 내 아이의 말만 듣고 학교에서 일어난 상황을 객관적으로 판단하기는 쉽지 않다. 이럴 때, 정확한 사실을 파악하고자 하는 부모님은 반드시 교사의 이야기에 귀를 기울이시길 말씀드리고 싶다.

학부모님들 중에는 가끔 이런 말씀을 하시는 분이 계신다.

"선생님은 왜 그렇게 무서우세요?"

"아이들에게 조금 더 친절하게 대해주시면 안 되나요?"

이런 말을 듣게 된다면, '교사가 늘 친절해야 하나'라는 질문을 스스로에게 해본다. 물론, 친절해서 나쁠 것은 없다. 하지만 아이의 변화를 위해 필요하다면, 때로는 부드러움을 잠시 버리고 단호해질 필요가 있다. 그런 교사의 모습에 아이들은 약간의 두려움을 느끼게 되고, 그 감정의 흔들림이 아이에게는 교육적인 성장으로 이어진다.

"아이가 학교를 떠나 사회에 나가면 때때로 불친절한 사람을 만나게 될 것입니다. 모든 사람이 아이에게 맞춰주지는 않아요. 그런 환경에서 아이가 잘 적응하려면, 학교에서 겪는 작은 불편함도 이겨낼 수 있어야 합니다. 부모님께서 모든 상황을 아이에게 맞춰주려고 하시면, 오히려 아이의 변화를 늦출 수 있습니다."

교사가 아이에 대해 전달드리는 내용을 학부모님께서 선입견 없이 그대로 받아들이셨으면 좋겠다. 이것이 아이가 발전하는 첫걸음이다. 만약 학부모님이 교사의 말에 부정적인 반응을 보이시면, 이 둘 사이의 소통은 원활하지 않게 된다. 사람들 사이에 소통이 없다면, 마치 눈을 가리고 길을 걷는 것과 다를 바 없다. 아이가 더 잘 자라는 길을 찾지 못하고, 편안하고 빠르게 갈 수 있음에도 불구하고 멀리 돌아가게 될 것이다. 학부모님들께서는 이런 길을 선택하지 않으셨으면 좋겠다. 이는 모두 아이를 위한 길이기 때문이다.

"제발 선생님과 적극적으로 소통해 주세요. 아이의 학교생활을 가장 가까이에서 보고 있는 사람은 바로 교사이기 때문입니다. 그때 비로소 아이의 긍정적인 변화를 위한 길이 열릴 거예요."

아이를 키우는 일이 쉽지 않아서, 어떤 부모든 자신을 갖기 어렵다. 그런데 학교에서 일하다 보면 '본인은 아이를 잘 키우고 있다'고 확신하는 부모님을 만날 때가 있다. 이런 경우, 아이에 대해 상담하는 것이 쉽지 않다. 이는 부모님의 육아 방식이 바뀔 것이라는 확신이 없기 때문이다. 소통을 방해하는 요소 중 하나는 부모님이 교사에게 가지는 방어적인 태도이다. 담임교사가 아이의 현재 상태에 대해 말씀드릴 때, 부모님은 그 이야기를 가감 없이 받아들이는 것이 중요하다.

교사는 '아이의 변화를 위한 이야기'를 전달한다. 그런데 일부 학부모님들은 그 말을 경계심을 가지고 들으실 때가 있는데, 이는 현명하지 않다고 본다. 아이만 생각하고, 아이를 위해서라도 교사의 이야기를 진지하게 들어주시면 좋겠다. 또한, 아이에 대해 교사가 알아야 할 정보가 있다면 사실대로 전달해 주시기를 바란다. 이렇게 하면 아이의 교육적 변화를 위한 최적의 방법을 찾을 수 있다. 이것이 바로 '소통을 통한 해결법'이다.

"학부모님, 아이와 관련된 일은 교사의 이야기에 귀를 기울여 주세요. 어떤 일이든 선생님과 상의하시면 분명히 답을 찾으실 거예요. 이 모든 게 오로지 아이를 위한 방법임을 분명히 말씀드립니다."

3교시

28년 차
초등교사의
교직생활 꿀팁

"수업에는 왕도가 없다.

하지만 노력하면 길은 열린다.

그리고 좋은 수업은 결국

아이들에게 좋은 영향을 미친다."

저희 아이가
통신문은 제출했나요?

'따르릉.'

수업이 끝나고 아이들이 하교 준비를 하며 분주히 움직이고 있을 때, 교실 전화벨이 울렸다. 내선 번호가 아닌 휴대폰 번호로 걸려 온 걸 보면, 우리 반 학부모님일 가능성이 컸다. 혹시 급한 용건일지도 몰라 얼른 수화기를 들었다.

"네, ○학년 ○반 교실입니다."

"선생님, 안녕하세요. 저 ○○ 엄마입니다."

"네, 안녕하세요. 무슨 일이세요?"

"○○이 오늘 통신문을 제출했나요? 제가 ○○이 책가방에 통신문을 넣어주긴 했는데, 제출하라고 따로 얘기를 안 했거든요. 혹시 아직 제출하지 않았다면, 선생님께서 ○○에게 통신문을 내라고 말씀해

주시면 좋을 것 같아요."

"네, 제가 확인해 볼게요."

학급 담임을 맡다 보면 아이들에게 배부된 통신문을 한 번에 모으기가 쉽지 않다. 여기에는 아래와 같은 이유가 있다.

첫째, 아이가 부모님에게 통신문을 전달하지 않은 경우다. 이런 경우에는 수합 자체가 불가능하다.

둘째, 아이가 부모님에게 전달했지만 작성되지 않은 경우다. 이럴 때는 아이에게 부모님이 통신문 작성을 다시 할 수 있도록 말씀드릴 것을 요청한다.

셋째, 부모님이 통신문을 가방에 넣어주셨지만, 아이가 이를 알지 못해 제출하지 않은 경우다. 오늘도 그랬다. 어머니께서 아이의 가방에 통신문을 챙겨주셨지만, 아이는 그 사실을 몰랐다. 이런 상황에서는 부모님이 통신문 제출 여부에 대해 신경 쓰이고 걱정이 될 수 있다. 그래서 지금처럼 교사에게 확인 전화를 주시기도 한다. 하지만 기한이 촉박한 통신문이 아니라면 대부분 며칠의 여유를 두기 때문에 제출이 하루 이틀 늦어도 크게 문제가 되지 않는다. 만약 꼭 필요한 통신문이 회수되지 않을 경우, 교사가 직접 학부모님께 연락드리기도 한다.

통신문과 관련해서 학부모님께서는 아래의 두 가지 정도만 신경 쓰시면 될 것이다.

　첫째, 통신문은 가능하면 받은 다음 날 제출하는 습관을 들이는 것이 좋다. 제출 기한에 여유가 있다고 미루다 보면 마감 날짜를 놓치기 쉽다. 하지만 바로 다음 날 제출하려는 마음가짐을 가지면, 혹시 제출을 잊더라도 기한 내에 챙길 수 있어 정해진 기간을 지키기 수월해진다.

　둘째, 아이가 통신문을 스스로 챙기도록 지도하는 것이 중요하다. 부모님이 모든 것을 대신 챙겨주면 아이는 통신문 제출의 중요성을 느끼지 못하고 소홀해질 수 있다. 우리 반에서는 '자기 일은 스스로 하기'라는 약속이 있다. 통신문을 챙기는 것도 아이의 몫이다. 아이가 통신문을 받아 부모님께 전달하고, 작성된 통신문을 학교에 제출하는 과정까지 스스로 할 수 있도록 가정에서 지도해 주기를 바란다. 만약 정해진 기간에 통신문을 제출하지 않아 선생님에게 지도받는 일이 생기더라도 언짢아하지 말자. 오히려 이 과정을 통해 아이가 "다음엔 꼭 통신문을 챙겨야겠다"라는 배움을 얻게 된다. 어떤 일이든 자기 할 일을 스스로 챙기는 습관은 매우 중요하다. 물론 한두 번의 지도만으로 아이가 바로 달라지지는 않겠지만, 꾸준한 관심과 교육이 아이의 태도를 점차 변화시킬 것이다.

통신문 제출에 관한 교사 추천 발언 예시

"학부모님, 다음부터는 아이가 통신문을 스스로 챙길 수 있도록 도와주세요. 학부모님께서 통신문을 직접 가방에 넣어주기보다는 아이에게 건네주시고, 가방에 넣는 일도 아이가 직접할 수 있도록 해주세요. 그런 후에는 다음 날 학교에 잘 가져가서 제출할 수 있도록 미리 이야기해 주시면 좋겠습니다."

"혹시 아이가 통신문을 제출하지 않고 그대로 두고 올 수도 있어요. 그럴 때는 다시 한 번 제출하도록 안내해 주세요. 이 과정을 반복하다 보면 아이가 스스로 챙기는 습관을 자연스럽게 기르게 될 거예요. 당장 잘하지 못더라도 아이를 믿고 기다려주세요."

학부모총회에서 담임교사는
어떤 말을 해야 할까?

　학부모 공개수업이 끝나는 종이 울리자, 교실 사물함 앞쪽에 한 줄로 서 계시던 학부모님들이 일제히 손뼉을 쳤다. 수업을 공개한 아이들에게 칭찬과 격려를 전달하려는 마음이 느껴졌다. 그 소리에 아이들은 한두 명씩 일어나 교실 뒤편에 계신 부모님 쪽으로 걸어갔고, 부모님들은 따뜻한 미소로 아이들을 지켜봤다. 그러면서도 작은 소리로 "자리에서 일어나지 말고, 선생님을 봐야지"라고 아이들에게 말하며 그들의 시선을 잠시 피했다.

　대부분의 학교에서는 3월 중순쯤에 학부모 공개수업을 진행한다. 보통 2교시에 담임선생님의 수업이 공개되고, 3교시부터는 학교 강당이나 그 외 넓은 공간(예를 들면 다목적실, 급식실 등)을 활용하여 전체 학부모총회가 열린다. 오늘 우리 반에는 수업을 보러 오신 부모님들이 열 분 정도 계셨다. 공개수업이 시작될 때쯤에는 이분들이 모두 계셨지만, 수업이 끝난 후에 보니 네 분 정도만 남아계셨다. 우리 반 아이의 형제자매가 있는 부모님들은 다른 아이의 수업도 참관하시느라 끝까지 우리 교실에 남지 못하는 경우가 있다.

수업이 끝난 후에는 학급 및 전체 학부모회를 조직한다. 물론 이 학부모회의 구성 여부는 학교마다 조금씩 다르다. 학부모회가 구성되면 대표 어머니를 선출하는데, 때로는 이런 직책에 부담을 느끼는 학부모님들이 계셔서 선출이 금방 이루어지지 않을 때도 있다. 그래서인지 요즘은 학급 대표를 선출하지 않는 학교도 종종 보인다.

"어머님, 아버님 이쪽으로 오세요."

교실에 서 계신 학부모님들에게 자리에 앉으시도록 권했다. 학부모 공개수업이 끝난 후에는 보통 교사와 학부모들 간의 간단한 대화 시간이 이어진다. 물론, 이런 세부 일정은 학교마다, 그리고 해마다 조금씩 다르다. 이 시간은 대체로 10여 분 정도로 짧게 진행된다. 하지만 이때는 서로 간에 약간의 어색함이 있다. 처음으로 얼굴을 마주하는 자리이기도 하고, 학부모님들께서 담임교사를 다소 어렵게 느끼기 때문일지도 모르겠다. 그래서 나는 최대한 부모님들이 편안함을 느낄 수 있도록 분위기를 풀어주려고 노력한다. 사실 나도 부모로서 아이의 수업 공개에 참석했을 때, 이런 시간이 주어지면 약간은 불편하게 느껴지곤 했다.

"아이의 자리에 앉으시면 됩니다."

우리 교실 책상 위에는 아이의 이름이 적혀 있다. 이렇게 해두면 아이들이 자기 자리에 대한 책임감을 느끼고 정리하는 습관을 기를 수 있다. 내가 자리를 안내하니 학부모님들은 한두 분씩 움직인다. 오늘처럼 부모님이 아이의 자리에 앉게 되면, 아이가 생활하는 교실 공간을 부모님이 더 생생히 경험할 수 있다. 또한, 교사로서는 그 시간 동안 아이와 학부모님을 자연스럽게 연결 지어 생각할 수 있는 계기가 된다. 그렇지만 이렇게 말씀드려도 교실의 모든 게 낯설어서인지, 선뜻 자리에 앉지 못하고 두리번거리시는 분들도 보였다.

담임과의 시간에서는 주로 학급의 현황을 소개하고, 앞으로의 운영 계획을 안내한다. 추가로 학부모님들의 질문에 답변하는 질의응답 시간을 갖기도 한다. 이 모든 내용은 담임교사의 재량에 따라 구성된다. 요즘은 다양한 발표 방식으로 부모님들께 안내를 드리는 경우가 많지만, 나는 시간을 절약하고 학부모님들과의 대화를 충분히 나누기 위해 소개는 구두로 간략히 진행하는 편이다. 대신 사전에 이와 관련된 유인물을 제작하여 사물함 위에 준비해 두고, 학부모님들께 수업 전에 한 장씩 가져가 읽으시도록 안내한다. 이렇게 하면 수업을 기다리시는 동안 내용을 숙지할 수 있어 시간도 절약되고, 안내도 보다 상세하게 이루어질 수 있다.

일 년 중 학부모님들이 가장 많이 교실을 방문하는 학부모총회에서, 담임교사가 어떤 이야기를 할지는 미리 철저히 준비해야 한다. 아침 활동, 생활지도, 과제 제시 방법, 알림장 사용 등 다양한 주제로 안내할 내용이 제법 많다. 하지만, 주어진 시간은 보통 10여 분 정도에 불과하다. 제한된 시간 안에 핵심적인 내용을 효율적으로 전달하려면 사전에 내용을 꼼꼼히 정리하고 준비하는 것이 필수다.

나 역시 두 아이를 학교에 보내는 학부모로서, 학부모총회에 담임교사를 만나러 오면 부모님들이 가장 궁금해하는 점이 무엇일지 어느 정도는 짐작할 수 있다. 우리 반 인원수, 성별, 학교 운영 방침, 아이들의 구성 등도 물론 궁금할 수 있다. 그러나 부모님들이 처음 담임교사를 만나면서 가장 알고 싶어하는 것은 사실 이런 것들이 아닐까?

'우리 담임선생님은 어떤 분일까?'

'일 년 동안 내 아이를 믿고 맡겨도 될까?'

이런 궁금증을 안고 학부모총회에 참석하는 부모님들 앞에서 어떤 말로 내 일 년을 설명할지 고민이 된다. 복잡하거나 모호한 설명보다는 간단하고 명확하게 나의 학급 경영 소신을 이야기하는 것이 더 잘 전달될 것으로 생각한다.

'진정성'은 28년 동안 교직을 이어오며 아이와 학부모를 대할 때 내가 가장 중요하게 생각해 온 원칙이다. 그리고 아이들과 부모님들도 나의 진심을 믿어주길 바란다. 교사에 대한 믿음은 아이에게 긍정적인 변화를 일으킨다. 이런 내 마음과 달리 가끔은 첫 만남부터 아니 때로는 만나기 전부터 나와 거리를 두는 부모님도 계신다. 담임교사도 학부모와의 첫 만남이 설레고 긴장된다. 하지만 학부모총회 날 교실로 찾아와 아이가 공부하는 모습을 보고, 나의 이야기를 들으면 거부감은 호의로 바뀐다. 부모라면 내 아이를 일 년 동안 사랑으로 지도하겠다는 담임교사에게서 멀어질 이유는 없다. 사람의 마음은 비슷하지 않을까. 상대방을 모르면 오해할 수 있지만, 알게 되면 서서히 풀리는 경우가 대부분이다. 이것은 교실 상황에서도 마찬가지다. 처음엔 서로 낯설고 어색할 수 있지만, 시간이 조금씩 흐르면 아이와 교사 간의 신뢰가 쌓이고, 학부모님들도 점차 교사와의 관계에서 편안함을 느끼게 된다. 서로 간에 이해가 깊어질수록 더 나은 소통이 가능하다. 이런 상황이 아이에게는 교육적으로 성장할 수 있는 텃밭이 된다. 나의 소신을 부모님들 앞에서 말씀드리고 나서 할 일은 단 하나다.

'그 약속을 일 년 동안 지키는 것.'

학부모총회 교사 추천 발언 예시

"저는 일 년 동안 우리 반 아이들을 제 자녀처럼 사랑할 거예요. 아이가 잘못된 행동을 하면 올바른 길을 알려주고, 잘하면 크게 칭찬할 것입니다. 부모님께서도 가정에서 저와 같은 방식으로 아이를 대하실 거라 믿어요. 때로는 아이를 사랑하는 만큼 단호하게 지도할 때도 있습니다. 그 이유는 아이가 바르게 성장하기를 바라니까요. 그래서 가끔 아이가 '선생님이 싫어요', '선생님이 무서워요', '이걸 꼭 해야 해요?'라고 불만을 털어놓을 때가 있을 수 있습니다. 그럴 때 '그래, 그럼 하지 마!'라고 말씀하시기보다, '그래, 네가 그렇게 느낄 수도 있지. 하지만 선생님 말씀을 먼저 따라보겠니? 분명히 네가 성장할 기회를 주신 거라고 생각해'라고 말씀해 주시면 좋겠습니다. 이렇게 부모님이 긍정적으로 말씀하시면 아이는 저를 신뢰하고, 일 년 동안 제 말을 잘 따를 수 있어요. 부모님의 긍정적인 말은 아이에게 긍정적인 변화를 일으킬 것입니다."

학부모와 소통하는 법,
알림장 활용하기

"제발 신발 좀 신자!"

"네."

성민이는 의자에 허리를 쭉 내밀고 앉아 있다. 한쪽 다리를 책상 밖으로 빼놓아 지나는 아이들이 그 발에 걸려 넘어지기도 한다. 수업 시간에는 큰 목소리로 관련 없는 이야기를 해서 수업의 흐름을 자주 방해한다. 하지 말아야 할 말들을 덧붙이고, 실내화는 늘 구겨 신거나 바닥을 돌아다닌다.

"실내화는 신고 다녀야 하지 않니?"

"너무 더워서요."

"양말은 왜 안 신었어?"

"그냥요. 양말 신기가 싫어서요."

성민이는 학교에 오면 핸드폰을 끄고 가방을 책상에 걸어야 하는 등의 기본적인 학교생활 습관이 형성되지 않았다. 그래서 아침부터 하교할 때까지 끊임없이 나에게 지도를 받는다. 담임을 맡다 보면 이렇게 기본적인 학습 태도가 잘 잡혀 있지 않은 아이들을 종종 만나게 된다.

아이의 기본 생활 습관은 대부분 가정에서 지도되어야 하는 부분이다. 그래서 가정의 협조를 받으면 좋지만, 교사가 부모님께 연락을 드리는 것은 매우 신중해야 할 일이다. 설사 부모님께서 나의 의도를 아신다 해도, 여전히 '아이의 행동이 과연 달라질까?'라는 의문이 들기 때문이다. 학교에서 지도해야 할 부분은 교사가 맡아야 한다. 하지만 가정에서도 같이 지도되어야 한다면, 협조를 요청하는 것이 바람직하다. 그렇지만 이런 연락이 '교사가 학부모에게 아이의 문제를 추궁하는 것 같다'라는 오해를 살 수도 있다.

교사가 학부모와 통화를 할 때는 항상 아이를 위하는 마음을 가지고, 학부모의 관점을 이해하며 상담하는 것이 중요하다. 초임 시절에는 학교 업무보다 학부모님을 대하는 일이 훨씬 더 어렵게 느껴졌다. 그런데 이제는 교직 경력이 쌓여서인지 냉철함을 유지하면서 부모님의 마음에 깊이 공감할 수 있게 되었다. 그건 아이를 키우는 일이 얼마나 힘든지, 또 아이가 부모의 뜻대로 다 변하지 않는다는 걸 너무나 잘 알기 때문이다.

"어머니, 요즘 성민이 학교생활이 어떻게 보이세요?"

"요즘은 조금씩 좋아지고 있는 것 같아요."

아이의 행동 변화는 한 번의 지도로 완성되지 않는다. 급하게 변화를 요구하면 교사와 아이 모두에게 부담이 될 수 있다. 그래서 천천히, 자연스럽게 아이의 변화를 끌어내기 위해 나는 가정과의 연계 지도를 선택한다. 이럴 때 유용한 도구가 바로 '알림장'이다. 이렇게 알림장으로 가정과 소통할 때 좋은 점은 아래와 같이 정리할 수 있다.

첫째, 아이가 숙제나 준비물을 잘 챙기게 된다. 이런 부분을 부모님과 직접 통화하기보다는, 담임교사가 간단하게 알림장에 적어서 전달하는 것이 더 효과적일 때가 많다. 아이와 학부모가 동시에 알림장을 확인하면, 부모님이 아이에게 필요한 부분을 도와줄 수 있다.

둘째, 아이의 칭찬을 가정으로 전달한다. 학교에서 아이가 특별한 칭찬을 받았을 때, 그 내용을 교사가 알림장에 적어준다면 아이는 집에서도 칭찬을 듣게 되어 긍정적인 행동의 강화 효과를 얻을 수 있다. 어떤 학부모님들은 아이의 알림장을 소중히 보관하기도 한다. 이 경우 알림장에 적힌 칭찬의 내용은 아이와 부모 모두에게 소중한 추억으로 남게 된다.

셋째, 인성 교육이 가정까지 번진다. 알림장에 인성 문구를 적어주면, 가정에서도 함께 인성 지도가 가능해지고 그 효과를 높일 수 있다. 또한 아이에게는 더 큰 변화를 기대할 수 있다. 이렇게 인성 문구를 적는 날에는 부모님과의 대화 시간을 갖도록 숙제를 내고, 다음 날 아침 자습 시간에 이 대화의 내용을 개별 발표 또는 모둠 발표로 풀어낸다. 이는 아이와의 대화 시간을 늘려주는 효과가 있어, 특히 초등학교 고학년 학부모님들에게 반응이 좋았던 방법이다.

교사와 부모님 사이의 소통은 아이의 교육적 성장을 위해 필요하다. 글은 말보다 시각적이어서 머릿속에 오래 남고, 지속성을 지니며 아이와 가정에 깊이 스며드는 효과를 발휘한다. 따라서 학부모와 소통하며 아이의 긍정적인 변화를 끌어내는 방법으로 알림장을 적극 활용해 보시기를 추천한다.

슬기로운 교사 생활 TIP

알림장에 적는 인성 문구 예시

'여러분은 사랑받기 위해 태어난 소중한 존재입니다.'
'아이는 부모의 거울입니다.'
'불편함이 성장을 가져옵니다.'
'실수해도 괜찮아요.'
'실패를 두려워하지 마세요. 처음부터 잘하는 사람은 없습니다.'
'자신을 칭찬하는 사람이 되어 보세요.'

학부모와 개별 연락 시,
교사가 설명해야 할 4가지

   학교에서는 다양한 상황이 아이들에게 발생한다. 그중 불편한 상황이 생겼을 때 교사의 지도만으로 해결되면 다행이지만 그렇지 않다면, 학부모에게 개별 연락을 드려야 할 때도 있다. 이런 경우는 가정에 일방적으로 통보하는 것보다는, 교사와 학부모 간의 직접적인 상담이 더 효과적이라고 본다. 그렇다면 교사는 당황하거나 거부감을 느낄 부모님에게 어떤 내용을 전달하는 것이 좋을까? 아래 네 가지로 정리해 보았다.

   첫째, 객관적인 상황에 대한 설명이다. 감정적인 표현을 피하고, 아이에게 발생한 상황을 객관적으로 전달한다. 예를 들어, "성민이가 수업 중 여러 번 자리를 이탈하여 친구들에게 방해가 되었습니다"처럼 구체적이고 사실에 근거한 내용으로 말해야 한다. 이때 교사가 자신의 감정을 섣불리 표현하면 상담이 미궁에 빠질 가능성이 높다.

둘째, 교사의 교육적 의도이다. 아이가 교사의 지도로 인해 불편한 마음을 가졌다고 하더라도, 그런 상황을 만든 교사의 교육적 의도를 설명해야 한다. 이를 변명이라고 생각하지 말자. 교사의 교육적 의도는 분명히 학부모에게 전달되어야 하고, 이를 통해 학부모의 공감을 얻으면 아이를 더욱 긍정적으로 변화시킬 수 있다.

셋째, 앞으로 아이에게 진행될 구체적인 상황이다. '~할 예정이다'와 같이 교사의 향후 지도 방향과 구체적인 대책을 부모님께 알린다. 이는 현재 상황에서 불안한 아이와 학부모에게 심리적인 안정감을 제공하고, 아이가 앞으로도 꾸준히 지도받을 수 있도록 돕는다.

넷째, 가정에서 협조를 요청할 부분이다. 불편한 상황을 해결하기 위해서는 아이의 변화가 필요하다. 이 부분은 교사 혼자서 해결하기 어려운 경우가 많아, 학부모의 협조가 중요하다. 따라서 교사는 학부모에게 협력이 필요한 부분을 충분히 설명하고, 가정에서의 지도를 요청해야 한다.

학교에서는 종종 아이들 간의 갈등이 발생한다. 이러한 상황은 다소 불편할 수 있지만, 아이들은 갈등을 해결하는 과정에서 양보, 설득, 인내, 배려, 용서 등 다양한 인성 요소를 배우며 성장한다. 다만, 갈등 해결 과정에서 긍정적인 학습을 위해서는 교사와 학부모의 현명한 지도가 필수적이다.

"이 자리는 아이의 바른 성장을 위해 마련되었으니, 서로가 발전할 수 있는 대화가 이루어졌으면 합니다."

교사와 학부모는 아이의 변화를 이끄는 두 축으로서 서로 긴밀히 연결되어야 한다. 부모는 교사에게 필요한 부분을 자문하고, 교사도 학부모에게 아이의 성장에 필요한 정보를 제공하며, 서로의 의견을 바탕으로 아이의 교육을 함께 지혜롭게 이끌어 가는 것이 중요하다.

'학부모는 아이의 학교생활이 항상 궁금하다.'

교사는 아이에게 일어난 상황을 상세히 설명하여, 학부모가 상황을 정확히 이해하고 협조할 수 있도록 해야 한다.

학부모와 교사가 아이의 성장에 대해 함께 협력하고 소통함으로써, 아이의 발전을 도모할 수 있다. 교사는 사실적이고 구체적인 정보를 제공하여 학부모가 올바른 판단을 내릴 수 있도록 돕고, 학부모는 가정에서 아이를 지지하며 교육적 역할을 이어 나가야 한다.

교사가 학부모에게
하지 말아야 할 8가지

"합창부 담당 선생님이세요?"

"네, 맞습니다. 무슨 일이세요?"

5교시 수업이 끝나자마자 교실의 전화벨이 울렸다. 전화기 너머로 한 어머니의 다급한 목소리가 들렸다.

"저희 아이는 0학년 0반 000인데요. 우리 아이는 합창부에서 빠지는 걸로 해주세요. 아이가 도저히 활동할 시간이 없어요."

전화를 건 사람은 내가 지도하는 합창부 아이의 어머니였다. 그녀는 본인의 할 말이 끝나자마자 내 말은 들을 생각도 없이 전화를 바로 끊어버렸다. 순식간에 일어난 일에 잠시 멍하니 가만히 있었다. 이런 학부모님의 민원성 연락을 받으면 '내가 왜 올해도 합창부를 맡았을까'라고 후회하게 된다. 현재 합창부에 소속되어 있는 아이,

그리고 학부모 중에서 과연 이 합창부 활동에 대해 적극적으로 참여하려는 사람은 몇 명이나 될까.

사실 이런 전화는 민원이라기보다는 가벼운 하소연 정도로 생각할 수 있다. 하지만 때로는 학부모가 마치 아이를 억지로 합창부에 활동시키는 교사로 오해하는 것 같아서 속상할 때가 있다. 경력이 짧았던 때는 이런 상황을 겪으면서 혼자 속상해하고 울기도 했다. 그때는 이런 일이 과연 민원인지, 아니면 단순한 불만 제기인지 판단이 서지 않아서 괴로웠다.

현재, 교사는 '학부모 민원'이라는 말에 익숙해져 있다. 교사가 교육 활동을 진행할 때, 민원의 발생 가능성은 언제나 머릿속을 맴돈다. 물론 뉴스에 등장할 만큼 심각한 악성 민원을 제기하는 학부모는 극소수일 거라고 믿고 싶지만, 아이를 맡은 담임교사에게 소리를 지르고 욕을 하는 경우가 종종 있다. 교무실이나 교장실로 전화를 걸어오거나 교육청에 항의성 연락을 하는 학부모의 모습도 현재 학교에서 익숙한 풍경이 되어버렸다. 교무실 전화는 민원 연락으로 바쁘다. 하루에도 두세 통은 적어도 학부모가 건 민원 전화라고 말하는 교육실무원의 이야기를 들을 수 있다.

그런데도 교사는 수업 종이 울린 후, 아이들을 보면 또다시 수업에 대한 열정을 되살린다. 자리에 앉은 아이의 눈을 보면서, 방금 민원을 제기한 학부모의 연락이나 언행은 잊게 된다. 아니, 잊으려 노력한다. 수업을 시작하기 위해 교실 문을 열고 들어서기 전, '잊자,

잊자!'라고 다짐하며 교실 안으로 들어가서는 아이에게만 집중한다. 이는 학부모와 아이를 철저히 분리하는 과정인데, 어렵지만 교사는 반드시 해내야 한다. 그래야 아이의 교육에만 집중할 수 있기 때문이다.

28년 동안 아이들과 함께 지내왔지만, 여전히 학부모와의 소통은 쉽지 않다. 사람과 사람 사이의 소통은 어느 한쪽이 잘한다고 해서 성공적인 관계로 이어지지 않는다. 게다가 이들 사이에는 아이라는 존재가 있어 상황은 삼자대면이 된다. 교사가 직접 대하는 상대는 아이이지만, 그 아이와 학부모와의 연결고리는 결국 아이에게 영향을 미친다. 그래서 교사는 학부모와의 관계가 멀어지면 오해를 초래하고, 지나치게 가까워지면 불편한 상황이 발생할 수 있다. 예를 들어, 일부 학부모는 "쌤~~~~"과 같은 호칭으로 친근함을 나타내며, 가끔은 반말이나 거친 표현을 사용하기도 한다. 부모가 교사를 대하는 방식은 아이에게 그대로 전달된다. 따라서 부모님은 자기 모습을 아이가 늘 보고 배운다는 사실을 염두에 두었으면 좋겠다.

교사와 학부모는 모두 '아이를 바르게 교육하려는 마음'을 가지고 있다. 그렇다면 이 공통된 마음을 바탕으로 소통이 이루어져야 서로 간에 갈등이 생기지 않는다. 필요하다면 그 마음을 아이에게도 보여주면 좋을 것이다.

그렇다면 반대로 교사가 학부모에게 하지 말아야 할 행동에는 무엇이 있을까? 이를 8가지 정도로 정리해 보았다. (이것은 지극히 개인적인 생각이므로 참고만 하시기를 바란다.)

1. (과도하게) 웃지 마세요.
   - 너무 친근한 웃음은 교사와 학부모의 관계에서 적절한 거리
   를 흐리게 할 수 있습니다.
2. (과도하게) 자주 연락하지 마세요.
   - 교사와 학부모는 적당한 시기에 필요한 소통을 해야 하며, 지
   나친 연락은 불편함을 초래할 수 있습니다.
3. (과도하게) 친절하지 마세요.
   - 교사의 지나친 친절은 때때로 학부모님에게 부담이 될 수 있
   습니다.
4. 아이와 관련된 것 외에 (과도하게) 소통하지 마세요.
   - 아이와의 교육에 관련된 중요한 사항에 집중하고, 그 외의 영
   역에서는 소통을 제한하는 것이 좋습니다.
5. (과도하게) 죄책감을 느끼지 마세요.
   - 어떤 상황에서 '모든 일의 책임을 교사가 스스로 지려는 태
   도'를 버리세요.
6. (과도하게) 사과하지 마세요.
   - 지나치게 자주 사과하는 것은 교사의 자신감을 떨어뜨릴 수
   있습니다.
7. (과도하게) 잘하려 하지 마세요.

- 지나치게 잘하려고 하면 무리가 생깁니다.

8. 학부모의 말에 (과도하게) 실망하거나 화를 내지 마세요.
    - 학부모의 반응에 지나치게 반응하기보다는 객관적인 시각으로 상황을 바라보세요. (무덤덤해지기)

언뜻 보면 위의 말들이 이상하게 보일 수도 있다. 하지만 자세히 내용을 읽어보면 이 8가지 항목에 공통으로 들어있는 표현이 바로 '과도하게'라는 단어이다. 즉, 교사가 학부모에게 웃지 말라는 것이 아니라, '과도하게' 웃지 말라는 의미다. 교사와 학부모는 지나치게 편안한 관계보다는 약간의 거리감과 조심스러움을 유지하는 것이 좋다. 이런 조금의 거리감이 오히려 교육적으로 긍정적인 효과를 낳을 수 있기 때문이다. 만약 교사가 학부모를 친하게 생각해서 지나치게 자주 연락을 드린다면 학부모님은 오히려 불편할 것이다. 그러므로 학부모는 아이가 학교에 있는 동안은 교사를 믿고 맡겨야 하며, 교사는 학부모가 안심할 수 있도록 적극적인 소통을 해야 한다.

절대 '과도하지' 않게.

학부모 상담,
교사가 지켜야 할 2가지

학부모 상담은 교직 생활에서 떼려야 뗄 수 없는 부분이다. 그렇다면 교사가 학부모 상담을 잘하려면 어떻게 해야 할까? 우선 학부모 상담이 주로 일어나는 상황을 살펴보자. 그 시기와 상담 내용을 정리하면 대체로 아래와 같다.

첫째, 학년 초 상담이다. 매년 3월에 한 번 실시되며, 주로 학부모 공개수업과 함께 진행된다. 이 상담은 학생의 성격, 학습 습관, 가정 환경 등을 파악하기 위해 이루어진다.

둘째, 학부모 상담 주간이다. 한 학기에 한 번 정도, 학교에서 정한 기간(보통 1~2주) 동안 이루어진다. 학부모는 이 기간에 상담을 원하는 날짜와 시간을 담임교사와 협의해서 정하면 된다. 상담의 형태는 전화 또는 직접 면담 중 선택할 수 있다. 이때, 평소 아이의 학교생활과 관련된 궁금한 점을 미리 정리해 두면 상담이 더 효과적으로 진행된다.

셋째, 교사의 요청에 따른 특별 상담이다. 아이에게 특별한 상황이 발생했거나 담임교사가 필요하다고 판단할 경우, 학부모에게 상담을 요청한다. 이것은 정해진 기간이 없지만 요즘은 사전에 상담을 온라인으로 신청해서 담임교사의 승인을 받아야 한다는 점을 꼭 기억하자.

이처럼 학부모 상담이 이루어질 때, 교사가 선을 지키면서 학부모와 소통하는 것은 쉽지 않다. 28년 교직 생활을 바탕으로 학부모 상담 시 교사가 지켜야 할 두 가지 원칙을 전하고 싶다.

첫 번째는 '죄송합니다'라는 말을 신중히 사용하는 것이다.

교사는 아이에게 일어난 불편한 상황에 대해 자기 잘못을 인정하듯 섣불리 "죄송합니다"라고 말하지 않아야 한다. 학부모는 교사의 무조건적인 사과보다, 상황에 대한 명확한 설명과 이를 해결하기 위한 구체적인 대책을 듣고 싶어 한다. 물론 교사도 실수할 수 있다. 사과가 필요한 상황이라면 진심 어린 사과를 해야 한다. 하지만, 상황 설명 없이 무작정 사과만 하는 것은 오히려 학부모에게 불필요한 오해를 일으킬 수 있다. 따라서 교사는 아이에게 일어난 일을 정확하고 사실적으로 전달하며, 문제 해결을 위한 방안을 제시하는 데 집중해야 한다. 이러한 태도는 학부모의 신뢰를 얻는 데 더 효과적이며, 아이의 성장에도 긍정적인 영향을 미친다.

두 번째는 상담의 '선을 넘지 않는 것'이다.

육아의 어려움으로 일부 학부모는 상담 중 교사에게 위로를 기대하기도 한다. 이런 상황에서 교사가 공감과 위로를 전하는 것은 적절하지만, 지나치게 감정적으로 개입해서는 안 된다. 교사는 학부모의 심리치료 전문가가 아니며, 상담의 본질은 아이의 교육적 문제를 해결하는 것이다. 상담의 범위를 벗어난 과도한 위로나 조언은 상담의 목적을 흐릴 수 있다. 따라서 교사는 학부모의 감정을 이해하고 공감하면서도, 상담의 초점을 아이의 교육적 문제 해결에 집중하도록 유도해야 한다.

"힘든 만큼 나아갑니다."

한 선배 교사의 반에서 폭력적인 행동을 심하게 하는 아이가 있었다. 담임교사는 아이의 행동을 교정하기 위해 어머니에게 연락했지만, 어머니는 "우리 아이가 그럴 리 없다"라며 상황을 부정했다. 답답했지만, 선배 교사는 포기하지 않고 계속 상황을 설명하고, 대화를 이어갔다. 결국 어머니는 아이를 병원에 데려갔고, ADHD 진단을 받았다. 현재 아이는 치료를 통해 상태가 많이 호전되었고, 어머니는 교사에게 "아이의 증상이 더 심해지기 전에 발견해 주셔서 감사합니다"라는 인사를 전했다. 문제를 해결하기 위해 교사와 학부모 사이에 불편한 대화가 오갈 수 있다. 그러나 이러한 과정을 통해 아이에게 긍정적인 변화가 일어난다. 아이와 관련된 문제에서는 무조건적인 사과나 회피보다는, 아이의 성장을 목표로 한 발전적인 대화를 나누는 것이 중요하다. 교사와 학부모는 지속적이고 원활한 소통을 통해 아이의 교육적 변화를 끌어낼 최선의 방법을 찾아야 한다. 이는 힘들지만, 아이의 미래를 위한 가치 있는 과정이다.

글자람공책:
우리 반 글쓰기 공책 사용법

"5교시에는 '글자람공책'을 씁시다."

수요일 점심시간이 되면 나눔이(우리 반에서 통신문을 배부하는 친구)가 바빠진다. 5교시 창의적 체험활동이 우리 반의 '글쓰기 시간'이라, 친구들이 사용할 '글자람공책'을 미리 나눠줘야 하기 때문이다. 사물함 위 바구니에는 23권의 공책이 담겨 있고, 바구니 옆면에는 '글자람공책'이라는 제목이 적힌 코팅 종이가 붙어 있다. 아이들은 이 공책에 내가 제시한 주제에 맞춰 글을 작성한다.

'글자람공책'은 '글을 쓰며 마음이 자란다'는 뜻으로 지은 이름이다. 이 공책에는 상황에 따라 다양한 글이 담긴다. 책을 읽은 후에는 독후감, 체험학습 후에는 체험학습보고서, 관찰학습 후에는 관찰학습지, 그리고 일기나 시도 적는다. 아이들은 연습 종이에 글을 충분히 다듬은 뒤, 완성된 글을 글자람공책에 옮겨 적는다. 글을 완성한 아이들이 공책을 제출함에 놓으면, 나는 그렇게 모은 글을 하나하나 확인한다.

아이들의 글을 읽는 시간은 나에게 학교에서 주어진 힐링 타임이다. 그들의 솔직하고 순수한 글은 내 가슴에 스며든다. 어른들이 세상을 넓게 본다면, 아이들은 세밀한 눈으로 사물과 현상을 관찰한다. 그래서 어른들이 놓치기 쉬운 부분을 포착해 그들만의 언어를 입힌다. 국어 수업을 하다 보면 이런 아이들의 창의적인 표현에 놀랄 때가 많다. 글자람공책은 일일이 확인하지만, 아이들의 글을 평가하지 않고 썼는지만 점검한다. 글의 분량은 제한하지 않고, 너무 짧을 때는 농담처럼 '더 자세히, 눈앞에 보이듯이 쓰라'고 말한다.

아이들에게 글쓰기를 지도할 때 가장 좋은 방법은 교사가 글의 예시를 들어 설명하는 것이다. 이때 좋은 예와 나쁜 예를 함께 제시하면, 아이들이 두 가지를 비교하며 이해할 수 있다. 특히 아이들은 자신이 익숙한 물건이나 상황에 대해 글을 쓰는 것을 좋아하고 잘한다. 예를 들면 용돈이나 부모님 이야기가 여기에 해당한다.

아이들은 시간이 날 때마다 '글자람공책'을 활용한다. 우리 반에서는 매주 수요일 일기 쓰기, 주말에는 일기장이 되어 숙제로 나간다. 글의 주제는 다양하다. 학교 행사와 관련된 글, 날씨에 대한 글, 친구에게 쓰는 편지 등도 좋다. 어떤 때는 자유 주제로 글을 쓰자고 하면 아이들의 반응이 좋다. 글쓰기 주제에 제한이 있을까? 서점에 가면 아이들에게 적합한 글쓰기 주제를 모아놓은 책이 있다. 그런 책을 한 권 사서 일 년 동안 교실에 비치하고, 그때그때 주제 글쓰기를 할 때도 있다.

글의 길이는 크게 제한하지 않지만, 가끔 길게 쓰기를 요구한다. 이때는 '10줄 이상'이라고 말하는데, 아이들은 '에~~'라고 거부하지만, 결국 잘 쓴다. 반면, "오늘은 두 줄로만 쓸까?"라고 하면 "정말요?"라며 믿기지 않는다는 표정으로 행복하게 웃는다. 이는 글쓰기에 대한 부담감을 덜어주기 위해서다. 나는 아이들이 적어도 1년에 글자람공책 한 권은 다 채우기를 바란다. 그리고 쓴 글자람공책은 학년말에 가정으로 보낸다. 어떤 아이들은 두세 권이 된 공책을 가져가기도 한다. 그럴 때는 시간이 한참 지나더라도 아이들이 글자람공책을 보며 소중한 현재를 추억하길 바란다.

'글자람공책'을 활용하는 두 가지 팁을 전한다.

첫 번째는 맞춤법을 강조하지 않는 것이다. 글을 쓴 후 맞춤법을 검사하면 의외로 틀린 부분이 많다. 어른도 그렇지만 아이들은 더 많이 틀릴 수 있다. 하지만 처음부터 맞춤법을 강조하면 아이들이 글쓰기를 부담스럽게 느낀다. 그래서 맞춤법에 대한 부담을 덜어주고, 처음에는 생각나는 대로 적어보게 한다. 글은 어차피 맞춤법도 내용도 수정되므로 처음부터 맞춤법을 지적하지 말자.

두 번째는 글자람공책을 아이와의 개별 소통 창구로 활용하는 것이다. 아이가 제출한 글을 확인할 때마다 개별적으로 댓글을 남긴다. 이 댓글은 글에 대한 평가가 아니라 주로 개인적인 근황을 주고받거나 칭찬하는 내용이다. 이렇게 하면 평소 교실에서 개인적인 대화를 나누기 어려운 상황에서도 아이와 1:1로 소통할 수 있다. 특히, 내성적인 아이들은 내가 적어준 글을 읽고 나서 슬며시 나를 바라본다. 그럴 때 서로 눈이 마주치면 아이의 얼굴이 빨개지는데, 그 모습이 참 귀엽다. 그런 일이 있으면 아이와 더 가까워지고, 더 친근하게 느껴진다. 이렇게 글자람공책으로 소통하며 아이가 학교에 오는 즐거움을 주고 싶다.

'독서의 완성'은 '글쓰기'라는 말이 있다. 아이들이 독서를 통해 글쓰기의 기초를 다지고, 글을 쓰면서 자기 내면을 단단히 완성하기를 바란다. 이런 과정에서 꾸준한 글쓰기 지도가 가능한 '글자람공책'을 학급에서 활용해 보기를 적극 추천한다.

'긍정'으로 아이를 변화시키는
5가지 방법

"선생님, 이것 좀 보세요."

예진이는 칠판 앞을 서성이다가 내게 말을 건다. 평소에는 말이 없고, 자기표현을 거의 하지 않는 아이다. 그런데 내게 말을 걸었다는 사실에 놀라서 무슨 일이 일어난 건 아닌지 궁금했다. 아이의 목소리는 한껏 들떠 있었다. 한눈에 봐도 아이의 기분이 좋다는 걸 느낄 수 있었다. 그 순간 아이의 눈빛이 어디를 향하는지 유심히 살펴봤다. 그곳은 바로 우리 반에 있는 '칭찬 샤워 칠판'이었다.

우리 반에서는 일주일에 한 명을 선정해 반 전체 아이들이 칭찬을 한다. 이 활동의 이름이 '칭찬 샤워'다. 샤워할 때 물줄기가 온몸을 감싸듯, 반 친구 모두에게 칭찬받는다는 의미로 붙인 이름이다. 이를 통해 아이들은 자신감을 얻고, 서로의 좋은 점을 발견하게 된다. 이번 주는 예진이가 칭찬 샤워의 주인공이다. 칭찬 내용이 궁금했던지, 아이는 수업이 끝날 때마다 칠판 앞으로 나와 친구들이 적어놓은 포스트잇을 읽으며 행복한 얼굴로 글을 살펴본다. 말을 잘하지 않는 아이가 자기 옆에 서 있던 친구에게 말까지 거는 모습을 보인다. 나는 예진이 옆에 가서 둘이 무슨 말을 하는지 들어봤다.

"예진아, 내가 적은 칭찬은 읽었어?"

"어, 잘 적어줘서 고…마…워."

예진이의 말을 듣고 깜짝 놀랐다. 3월 초에 예진이의 작년 담임선생님에게서 "저는 일 년 동안 예진이의 목소리를 들어본 적이 없어요"라는 말을 들었다. 그래서 생각했다. '올해는 우리 반에서 저 아이에게 신경을 써야겠다.' 적어도 칭찬 샤워를 받기 전까지는 그랬다. 하지만 지금은 내 눈앞에서 예진이가 웃으며 친구와 수다를 떨고 있다. 예진이에게 일어난 이 변화 하나만으로도 '칭찬 샤워'라는 활동은 충분히 의미 있는 선택이었다.

한 반에 20여 명의 아이가 있으면 그중 눈에 잘 띄지 않는 아이들이 있다. 이는 자기 일을 너무 잘 처리해 꾸중을 들을 일이 없거나, 예진이처럼 표현이 부족해 눈에 띄지 않는 경우다. 이런 아이들은 자칫 다른 아이들에게 가려져 크게 관심을 받지도, 꾸중을 듣지도 않는 경우가 많다. 어릴 적에는 나도 이런 아이였던 것 같다. 말수가 적어서 담임교사가 챙길 필요도 없는 아이. 초등학교 5학년 때 담임선생님께서는 그런 나를 신경 쓰셨는지 별다른 이유 없이 자주 말을 걸어주셨다. 그러면 나는 고개를 푹 숙이고 아무 말도 하지 않았지만, 그런 선생님이 정말 좋았다. 그리고 마음속으로 감사했다. 그래서 매년 학급 담임을 맡을 때마다 내성적인 아이들이 있는지 꼼꼼히 살핀다. 그들의 감정을 이해하고, 적절한 관심을 기울인다. 주로 조용하거나 공부에 자신감이 없는 아이들, 또는 부모님과의 소통에 어려움이 있는 경우가 많다. 이런 부분은 단기간에 해결되지 않는다. 그래서 나는 그 아이들에게 일 년 동안 꾸준히 관심을 가진다. 그리고 그 마음을 열어 적극적으로 학교생활에 참여할 수 있도록 돕는다. 필요하다면 학부모 상담도 함께 진행한다. 올해는 예진이가 그런 아이로 내게 다가왔다. 그런데 예진이를 향한 나의 우려가 오늘은 그 해결의 물꼬를 열었다. 물론 이 활동 하나로 예진이의 생활을 단번에 변화시킬 수는 없다. 하지만 타인과 자주 소통하는 경험과 자기표현의 기회를 제공받는다면 아이는 충분히 변할 것이다. 나는 이런 내 소신에 확신하며, 그것은 실망으로 바뀌지 않았다. 한 해를 보내고 5학년으로 올라가는 예진이의 얼굴은 한층 밝아졌다. 6학년이 된 지금도 학교에서 나를 만나면 반갑게 인사를 한다. 나는 그런 예진이를 꼭 안아준다. 한때 내 아픈 손가락이었던 그 아이가 이렇게 변해줘서 고마웠다. 자신의 껍데기를 깨고 밖으로 나온다는 것이 그렇게 쉬운 일인가. 그 어려운 과정을 인내하고 이겨낸 아이에게 진심으로 응원을 보냈다.

'예진아, 앞으로도 그렇게 웃으면서 쭉쭉 너의 길을 걸어가렴.'

'이제는 너 자신을 칭찬하면서 살아가면 돼. 그것이 세상에서 가장 큰 칭찬이야.'

아이를 변화시키는 가장 효과적인 방법 하나가 바로 '칭찬'이다. 특히 저학년 아이들에게는 행동을 칭찬할 때 쿠폰이나 간단한 간식, 혹은 작은 선물을 제공하면 긍정적인 효과를 볼 수 있다. 이는 아이들에게 즉시 보상을 제공함으로써 올바른 행동을 강화하는 데 도움이 된다. 고학년의 경우에도 물질적 보상이 도움이 될 수 있지만, 이보다는 친구들 앞에서 "정말 잘했어"라는 말 한마디로 아이를 인정해 주는 것이 더 효과적일 때가 많다. 인정받는 경험은 아이들에게 깊은 만족감을 주며, 스스로 더 잘하고 싶어 하는 동기를 끌어낸다. 생각해 보면, 나 역시 어릴 적 학교에서 칭찬받았지만 이에 대해 부모님이 무관심한 모습을 보여 서운했던 기억이 있다. 그것은 단순한 관심의 부족이라기보다 나의 노력을 인정받지 못했다는 목마름 때문이었을 것이다. 40년이 넘게 지난 일임에도 그날의 기분이 여전히 생생하다. 이처럼 칭찬과 인정이 아이들에게 주는 강화 효과는 매우 크다. 작지만 진심 어린 한마디는 아이의 자존감을 높이고, 긍정적인 변화를 끌어내는 강력한 도구임을 잊지 말자.

아이들을 칭찬하면 교사도 행복해진다. 하지만 학급 내에서 여러 명의 아이가 동시에 부적합한 행동을 할 때는 어떻게 해야 할까? 이런 경우에는 소위 '교육적인 접근'이 필요하다. 교사는 끝없이 고민하며 아이들을 변화시킬 방법을 찾아야 한다. 그러나 요즘처럼 교직이 버겁게 느껴질 때는 "하루라도 빨리 교직을 떠나고 싶다"는 자괴감이 들기도 한다. 그런데도 학교에서 막상 아이들을 마주하면 이런 생각은 사라지고 다시 교육 활동에 매진한다. 아이들과 함께하는 시간이 이런 불필요한 상념을 잊게 하고, 다시 교육적인 열정을 불러일으키기 때문이다. 그래서 교사는 아이들을 성장시키기 위해 최선을 다해야 한다. 이를 위해 아이들을 긍정적으로 변화시킬 생활지도 방법을 끊임없이 고민하고 찾아내는 것이 바로 교사의 역할이다.

모든 교사에게 똑같이 적용되는 최선의 생활지도 방법은 없다. 교사는 교단에서 시행착오를 거치며 자신에게 적합한 방식을 찾아야 한다. 나 역시 28년 동안 여러 방법을 선택해 실행해 보았다. 물론 그중에는 실패한 방법도 있었지만, 그런 경우에는 다시 수정하며 새로운 방식을 모색했다. 중요한 것은 어떤 방법이든 고정되어 있어서는 안 된다는 점이다. 아이들의 특성과 상황에 따라 유연하게 조정할 수 있어야 한다. 아래는 지금까지 내가 교실에서 실천해서 효과적이었던 '긍정'으로 아이를 변화시키는 5가지 방법이다.

1. 교사의 칭찬법
교사의 적절한 칭찬은 아이에게 긍정적 변화를 일으킨다. 내가 실천한 칭찬의 방법은 크게 두 가지다.

첫째, 잘하는 아이를 찾아서 칭찬하는 것이다. 대체로 잘못한 아이에게 꾸중으로 행동을 교정하려고 하지만, 이 방법은 지양했으면 한다. 오히려 반대로 잘하는 아이를 찾아서 칭찬하는 것이 더 효과적이다. 예를 들면 "00이는 책 읽는 자세가 좋다"든지, "00처럼 해볼까"라고 칭찬하는 것이다. 그러면 아이들은 친구의 좋은 점을 배우려고 노력한다. 그렇게 하면서 반 아이들이 바른 행동을 자연스럽게 익히게 된다.

둘째, 아이가 잘하는 '순간'을 칭찬하는 것이다. 아이가 하루 종일 잘한다는 것은 불가능하다. 그런데 어떤 부분이 부족했던 아이에게 관심을 가지고 지켜보면 분명히 잘하는 '순간'이 온다. 그때를 절대 놓치지 말고 아이의 행동을 칭찬하는 것이다. "00이 이번 일기장에 쓴 글씨가 너무 예쁘더라. 그렇게 계속 쓰면 좋을 것 같아"라고 칭찬하면 아이는 교사의 이런 피드백을 듣고, 글씨를 잘 쓰려고 노력할 것이다. 또한, 수업에 집중하지 못하는 아이가 수업에 집중하는 그 순간, "00이와 선생님의 눈이 마주치니까 좋다. 오늘 집중을 너무 잘하는데"라고 칭찬한다. 나는 주로 알림장 검사를 할 때 개인적인 칭찬을 한다. 아이에게 칭찬할 내용을 내 책상 앞에 놓인 화이트보드에 미리 적어둔다. 그 후 칭찬을 받을 아이가 알림장 검사를 받으러 오면 그때 아이를 칭찬한다. 이렇게 하면 그 아이는 반 전체 아이들 앞에서 칭찬받는 효과를 누리게 된다.

2. 1:1 칭찬

칭찬하는 첫 번째 방법은 짝이 된 친구를 1:1로 칭찬하는 것이다. 예를 들어 매주 목요일을 '1:1 칭찬하는 날'로 정해두면, 그날은 1교시가 시작되자마자 이 활동을 한다. 우리 반은 보통 한 달에 한 번 자리를 바꾸는데, 이때 짝이 된 친구를 서로 칭찬한다. 말로 칭찬해도 좋고, 포스트잇에 짝을 칭찬하는 글을 적어 친구의 책상에 붙여줄 수 있다. 그러면 짝은 다음 날 아침에 등교해서 그 글을 읽고 미소 짓게 된다.

3. 칭찬 샤워

학생 상호 간에 칭찬하는 두 번째 방법은 한 명의 이름을 칠판에 적고, 나머지 반 친구들이 그 이름이 적힌 친구를 칭찬하는 것이다. 일주일에 한 명씩 돌아가며, 보통 4월에 시작하면 1, 2학기를 걸쳐 마무리된다. 이 방법을 사용했을 때, 내성적인 아이들이 칭찬받으며 조금씩 변해가는 모습을 보는 것이 뿌듯하다. 예를 들어, 앞서 언급한 예진이가 이 방법을 통해 칭찬받으며 긍정적인 변화를 보였다.

* '칭찬 샤워'는 SNS를 통해 알게 된 활동을 조금 변형해서 우리 반에 적용한 것임.

4. 다짐하기

반성(x)이 아니라, 다짐하기(0).

잘못된 행동을 했을 때, 흔히 "000을 하지 않겠습니다"라는 반성 문구를 쓰게 된다. 하지만 아이들이 반성만 하는 것보다는 무엇을 해야 하는지를 명확히 다짐하는 것이 더 효과적이다. 즉, "~~ 하지 않겠습니다"라는 표현보다는 "~~~을 하겠습니다"라는 다짐을 쓰는 것이다. 이를 통해 아이가 앞으로 무엇을 어떻게 해야 할지를 명확 하게 인식할 수 있다. 다짐을 통해 아이들이 자기 행동을 돌아보고 개선할 수 있도록 돕는 것이 중요하다. 또한, 다짐한 행동을 잘 실천 했을 때는 적절한 보상을 통해 긍정적인 강화를 한다. 이 과정을 반 복하면 아이들은 점차 긍정적인 행동을 습관화하게 된다.

슬기로운 교사 생활
TIP

다짐 문구 양식 예시

다짐 쪽지	(번 문구)
이름: 월 일	

다짐 문구의 예시

※ 문구는 수시로 추가, 수정 가능

- 정직하게 말하고 행동하겠습니다.
- 8시 40분까지 교실에 도착하겠습니다.
- 집에 가기 전에 다음 날 읽을 책을 책상 위에 올려놓고 가겠
  습니다.

5. 일일 감사 발표

1교시 시작을 알리는 종이 울리면 우리 반에서는 '일일 감사 발표'
를 한다. 감사의 마음을 가지면 '행복 호르몬'이 생긴다는 말을 들었
기 때문에, 올해는 아침 활동 중 하나로 '감사 발표'를 선택했다. 처
음 시작했을 때, 아이들은 어색해하며 "무엇에 감사해야 하지?"라
고 말하며 살짝 불편해했다. 하지만 일주일 정도가 지나니, 아이들
은 "오늘 아침에 어머니께서 반찬을 맛있게 해주셔서 감사합니다"
와 같이 일상생활 속에서 감사할 거리를 잘 찾아 발표하게 되었다.
처음에는 교사가 감사 발표의 예시를 보여주는 것이 도움이 된다.
그래서 나도 아이들과 함께 이 활동에 참여했다. 이 감사 발표를 꾸

준히 하다 보면, 아이들의 발표 태도도 좋아지는 장점이 있다. 아래는 우리 반에서 적용했던 일일 감사 발표 시나리오인데, 이 과정은 학급의 상황에 맞게 적절히 변경하는 것이 좋다.

슬기로운 교사 생활
TIP

일일 감사 발표 시나리오 예시

※10분 내외의 시간이 필요

가. 학급 대표 어린이가 나와서 "지금부터 감사 발표를 시작하겠습니다. 오늘은 OOO 친구부터 시작하겠습니다"라고 말한다.
 - 대표 어린이가 없다면 하루에 아이 한 명씩 돌아가면서 진행해도 좋다.
 - 첫 번째 발표하는 친구의 순서를 바꿔가며 진행하는 것을 추천한다.
나. 감사한 일을 한 명씩 발표한다.
 - 예시) 오늘 준비물을 잘 챙겨온 것에 감사합니다.
다. 발표가 모두 끝나면 '진행자'가 "이상으로 감사 발표를 마칩니다"라고 말하며 마무리한다.

칭찬은 아무리 많이 받아도 지나침이 없다. 오죽하면 『칭찬은 고래도 춤추게 한다』는 책이 나왔을까. 아이들에게 긍정적인 표현이 계속 전달되면, 아이들은 바르게 자라게 될 것이다. 교사는 이런 '칭찬'의 효과를 적극적으로 적용해 '칭찬으로 자라는 아이들'을 만들어 보기를 추천한다.

학교폭력, 교과서에 답이 있다
– 드라마「아름다운 세상」을 보고

준석이와 선호는 절친이었고, 그들의 엄마는 중학교 동창이다. 그러나 어느 순간부터 두 아이의 사이가 조금씩 멀어졌다. 그 후 준석이는 그 반의 몇몇 남자아이들과 함께 '어벤져스'라는 게임으로 선호를 오랫동안 괴롭혔다. 그것이 화근이었을까? 어느 날, 준석이와 선호는 학원이 끝난 후 저녁 9시쯤 학교 옥상에서 단둘이 만났다. 그날 이후 선호는 옥상에서 추락하는 사고를 당한다.

별다른 단서가 없는 상황에서 경찰과 학교는 이 사건을 극단적인 선택으로 결론지었다. 그런데 이 결과를 받아들이지 못한 선호의 부모와 가족은 끝까지 사건의 원인을 찾고자 한다. 이 과정이 드라마의 주요 내용이다.

드라마「아름다운 세상」은 중학교를 배경으로 학생, 교사, 학부모 간에 발생한 이야기를 다룬다. 요즘 중학생 자녀를 둔 학부모들은 '학교폭력'이라는 단어에 민감하다. 특히 이런 일이 발생해 자녀가 충동적인 행동을 할까 늘 노심초사한다. 나는 우리 아이들에게 절대 그런 일이 일어나지 않기를 진심으로 바란다. 무엇보다 아이들이 행복하게 자랐으면 좋겠다. 뉴스에서 아이들의 비극적인 소식을 접할 때면 차마 눈을 뜨고 볼 수 없을 만큼 마음이 아프다. 그런 점에서 이 드라마가 사회에 긍정적인 메시지를 전하는 역할을 하기를 기대한다.

아이들은 자주 싸우지만 금세 화해한다. 서로 다시는 안 볼 것처럼 티격태격하다가도, 금방 돌아서서 다시 함께 어울린다. 이 과정을 통해 우정, 용서, 그리고 이해심을 배운다. 이런 모습을 보고 있으면, 몇십 년 더 살아온 어른들보다 아이들이 더 현명해 보일 때도 있다. 사실 아이들끼리 충분히 해결할 수 있는 문제임에도, 어른들이 개입하면서 오히려 상황이 더 복잡해지는 경우가 종종 있다. 이 드라마도 그런 상황을 잘 보여주는 것 같았다.

부모는 수천, 수만 명이 모인 곳에서도 단번에 자기 자식을 찾아낸다. 그리고 어떤 상황에서도 먼저 자식의 입장에서 생각한다. 이 드라마는 내 아이에게 유리하게만 모든 상황을 해석하려는 부모의 모순된 모습을 보여준다. 그러나 그런 태도가 오히려 자식을 더 괴롭게 하고 무너지게 만들 수 있다. 부모가 진정 자식을 위한다면 바른 선택을 해야 한다. 그래야만 모두가 행복해질 수 있다. 비록 그 과정이 어렵고 힘들지라도.

교사는 '학교폭력' 상황에서 종종 무력감을 느낄 때가 있다. 가해자와 피해자 사이에 갈등이 있었더라도, 정작 아이들은 이미 화해하고 다시 잘 지내고 있을지도 모른다. 그러나 어른들은 그 갈등을 멈추지 않고, 때로는 법적 대응으로까지 몰고 가는 경우가 있다. 학부모 간의 갈등이 심해지면 그 불편함이 동네로 이어지고, 결국 어느 한쪽이 이사를 결심하는 일도 생긴다. 이런 상황에서 어른들도 힘들겠지만, 아직 10대인 아이들이 겪는 고통은 훨씬 더 클 것이다. 어른들이 격한 말과 행동으로 서로를 이기려는 모습을 보며 아이들은 무엇을 배우게 될까? '학교폭력'을 원만하게 해결하려 하면 '상황을 덮으려 한다'거나 '편을 든다'는 오해를 받기도 한다. 이러한 이유로 교사가 적극적으로 개입하기 어려운 현실이, 결국 교사에게 깊은 무력감을 안긴다.

도덕 교과서에서 배우는 내용은 세상을 살아가는 데 중요한 해결책이 되는 경우가 많다. 교과서대로 산다고 하면 미련하고 어리석어 보일 수도 있지만, 결국 그것이 정석이며 마음을 편안하게 해주는 길이다. 이 사실을 빨리 알면 인생의 진리를 깨달을 수 있다. 어른들이 백지처럼 순수한 아이들에게 꼭 알려주었으면 좋겠다.

"다 끝났어요."

"아니야, 준석아."

"아저씨가 했던 말 기억나?"

"누구나 실수하고 잘못하지만, 그다음이 중요하다고 했잖아. 준석이가 어떻게 이겨내고 어떻게 살아가는지 보여줘야 해. 그래야 아저씨도 널 용서할 수 있어. 선호에게도 사과했지?"

준석이가 모든 걸 포기하려는 순간, 선호의 아버지가 건넨 그 말에 눈물이 흘렀다. 이어 선호의 아버지가 준석이를 따뜻하게 안아주는 장면에서 감사한 마음이 들었다. 준석이의 손을 잡아주고, 다시 세상을 살아갈 힘을 열어준 어른이 있다는 사실에 깊은 안도감을 느꼈다.

사람은 누구나 실수한다. 만약 이 점을 인정하지 않는다면, 세상에 '용서'라는 단어는 사라질 것이다. 그리고 '반성'과 '변화'라는 말도 함께 묻혀야 한다. 실수를 되돌리려면, 그것을 돌아보고 앞으로 다르게 살아가기 위한 계기로 삼자. 이것이 긍정적인 변화의 발판이 될 것이다. 어른들이 그 방법을 아이들에게 보여줘야 한다.

아이들은 학교생활 속에서 '학교폭력'이라는 가능성을 안고 살아간다. 그 과정에서 때로는 피해자가 될 수도, 가해자가 될 수도 있다. 하지만 어떤 처지에 놓이든 아이들은 이를 충분히 극복할 수 있으며, 오히려 이를 통해 성장할 수 있다. '비 온 뒤에 땅이 굳듯이', '아픈 만큼 성숙해진다'라는 교과서에 인용된 말을 떠올려 보자. 아이들은 친구 관계에서 겪는 어려움을 극복하며 성장할 것이다. 그 과정을 힘들게 느낀다면, 이렇게 말해 주고 싶다.

'교과서에 모든 답이 있다.'

이 믿음을 가지고 살아가자. 그러면 '아름다운 세상'은 언제나 우리 앞에 펼쳐질 것이다.

꾸준한 글씨 쓰기 지도의 필요성

"선생님, 과제 검사해 주세요."

희영이가 수학책을 내게 내민다. 그런데 이게 웬일인가. 책에 적힌 글씨를 도무지 알아볼 수가 없다. 아이는 해맑은 얼굴로 내가 과제를 통과시켜 주길 기대하고 있지만, 그건 쉽지 않다. 글씨가 너무 엉망이라 내용을 전혀 알아볼 수 없었기 때문이다. 이런 순간에는 어떻게 해야 할지 잠시 고민이 된다.

'통과를 시킬까, 말까.'

아이 중에서 과제를 한 번에 통과하는 경우는 전체의 절반 정도다. 그만큼 첫 번째 검사에서 완벽하게 해오는 일이 쉽지 않다는 뜻이다. 이런 경우, 나는 아이에게 과제를 다시 해오라고 요구한다. 조금만 수정하면 첨삭 지도를 한 후 통과시키기도 한다. 그렇다면 희영이는 어떨까. 과제의 내용을 알 수 없으니, 통과는 어렵다. 결국, 나는 아이에게 과제를 다시 해오라고 말했다.

아이들이 과제 검사를 받기 위해 나에게 오가는 횟수가 늘어날수록 과제 실력뿐만 아니라 글씨체도 점차 달라진다. 물론 몇 달 만에 글씨가 눈에 띄게 좋아지기는 어렵다. 하지만 담임으로 함께하는 1년 동안 모든 교과목과 쓰기 활동에서 꾸준히 지도받으면, 아이의 글씨는 분명히 변한다. 특히 글씨를 자주 쓰지 않는 초등학교 2학년은 손목 힘이 약해서 글씨가 삐뚤빼뚤해진다. 1학년은 그보다 더 심한 편이다. 그래서 내가 1, 2학년 담임을 맡게 되면, 아이들의 글씨를 교정하는 데 많은 시간과 노력을 들인다.

내가 사용하는 글씨 교정 방법은 이렇다.

첫째, 연필을 바르게 잡는 것이 중요하다. 실물화상기로 내가 연필을 쥔 모습을 보여주면, 아이들이 나를 잘 따라 한다. 그 외에도 연필 잡는 방법과 관련된 동영상을 찾아서 보여주는 것도 효과적이다. 또한, 연필에 끼워서 글씨를 쓰게 되면 연필 잡는 법을 배울 수 있는 '글씨 교정기' 사용을 추천한다. 나는 3월에 반 전체 아이들에게 교정기를 제공한다. 아이 한 명당 5개 정도를 나눠주고, 필통 안의 연필에 하나씩 끼워서 사용하도록 한다. 이렇게 하면 연필을 교정기로 제대로 잡는 습관이 생기면서 글씨 쓰는 힘이 길러진다.

둘째, 글자를 쓰는 순서를 지킨다. 요즘은 주로 칠판에 완성된 글자를 적어서 보여주는 경우가 많다. 그렇지만 교사가 칠판에 직접 글자를 적는다면, 아이들은 그 모습을 보고 자연스럽게 글자를 쓰는 순서를 익힐 수 있다. 또는 아이와 교사가 함께 손을 들어 허공에 글자를 여러 번 써보는 방법도 효과적이다. 특히 아이들이 자주 틀리는 글자가 있다면, 그런 글자는 반복해서 써보는 것이 좋다. 예를 들어 숫자 중에서는 '4, 5, 8, 9, 0'이 있고, 자음 중에서는 'ㄷ, ㄹ, ㅁ, ㅂ, ㅇ, ㅌ, ㅎ'이 있다. '위에서 아래로'와 '왼쪽에서 오른쪽'으로 글자를 쓴다는 원칙을 알려주면, 아이들이 덜 헷갈리고 글자를 더 잘 쓸 수 있을 것이다.

셋째, 자형에 맞게 쓴다. 자형은 글자의 모양을 말한다. 여기에 맞도록 적절한 선의 크기와 방향을 유지하는 것이 중요하다. 자형에 맞게 쓰면 글자가 더 깔끔하고 균형 있게 보인다.

넷째, 글자의 크기를 같게 쓴다. 크기가 다른 글씨를 쓰면 글자를 아무리 잘 써도 전체적으로 깔끔해 보이지 않는다. 반대로 글자 하나하나는 잘 쓰지 못해도 전체적인 크기가 같으면 글씨가 전반적으로 깔끔하게 보인다. 그래서 정갈한 글씨를 위해서는 글자의 크기를 통일하는 것이 중요하다.

다섯째, '글자'를 '그림'처럼 생각한다. 그림을 많이 그리는 아이가 그렇지 않은 아이보다 글씨를 잘 쓰는 경우가 많다. 이는 그림을 그리면서 손목의 힘이 길러지기 때문인 것 같다. 따라서 아이들에게 글씨를 쓸 때 그림을 그리듯, 또는 색칠하듯 쓰라고 하면 더 꼼꼼하게 글씨를 쓰는 모습을 보게 된다. 나 역시도 이런 마음으로 항상 글씨를 쓴다.

글씨도 지문처럼 사람마다 달라서, 글씨만 봐도 누구의 글인지 알수 있다. 우리가 살아가면서 글씨를 쓸 일이 얼마나 많을까? 편지, 일기, 독후감, 자기소개서, 각종 신청서 등 이런 곳에 글씨를 쓸 때마다 글씨체에 자신감이 없다면 매 순간 힘들어질 것이다. 글씨체는 아이의 개성으로 존중해야 하지만, 적어도 '악필'은 피하도록 돕자는 것이 나의 학급 경영 의지다. 아이가 평생 글씨로 인한 스트레스를 받지 않도록 도와주고 싶다. 그래서 위의 방법으로 일 년 동안 꾸준히 글씨 쓰기를 지도한다.

"글씨가 뭐가 중요하냐"고 묻는 사람이 있을 수 있다. 나도 이 말에 어느 정도 동의한다. 사실 글씨체보다 내용이 더 중요한 경우가 많다. 그래도 아이가 자기 글씨체에 자신을 갖지 못하고 글씨를 쓸때마다 힘들어한다면, 그건 어른이 나서서 도와줘야 한다고 생각한다. 아이가 처음 글씨를 쓸 때 '연필 잡는 법'과 '글자 쓰는 순서'를잘못 배우면 나중에 고치기가 힘들다. 그러니 처음부터 조금만 더관심을 가지고 꼼꼼히 아이를 지도하면 좋겠다. 아이는 어른보다는빠르게 교정한다. 이를 위해서는 교사나 어른의 칭찬이 필요하다.

오늘은 우리 반 아이들을 한 명 한 명씩 데리고 연필 잡는 법을 알려줬다. 이렇게 하면 아이는 당장은 힘들어한다. '우리 선생님이 왜이러시지?' 싶을 것이다. 내가 한 명씩 본다고 하면 아이는 신경 써서 자기가 글씨 쓰는 방법을 살펴보고 고치려 노력한다. 그리고 신기하게 그 자리에서 바로 달라진 모습을 보인다. 개별지도가 필요한 경우에는 꼼꼼하게 아이를 조금 더 봐주면 좋다. 연습 종이에 아이가 글씨를 써보게 하면 아이의 글씨는 그 자리에서 변한다. 그게 늘 신기하다. 무엇보다 아이 본인도 자신의 글씨에 만족해하는 걸 보면 나 또한 기분이 좋다.

글씨를 쓸 일이 많은 학교 현장에서 아이들이 힘들지 않도록 교사가 관심을 가지고 지도하면 좋겠다. 물론 글씨를 잘 쓰는 것보다는 '쓰기 활동' 자체가 더 중요하다. 하지만 꾸준한 글씨 쓰기 지도를 통해 아이들이 바른 글씨체로 글자를 쓸 수 있도록 책임을 다해 지도하는 것이 꼭 필요하다.

음악 수업은 어떻게 해요?

"선배님, 뭐 하세요? 저 6월 말에 음악으로 공개수업을 해야 하는데, 어떻게 준비해야 할지 막막해요. 수업 준비를 좀 도와주실 수 있나요?"

"음악 전담이라서 음악 수업을 해야 하는구나."

"제가 한 번도 음악으로 공개수업을 한 적이 없잖아요. 그래서 무엇부터 해야 할지 모르겠어요."

"음악 수업도 다른 교과와 크게 다르지 않다고 생각하면 좋겠어. 수업 내용을 먼저 말해볼래?"

숙희는 같은 학교에서 3년 동안 동학년을 맡았던 후배 교사다. 나와 알게 된 지는 벌써 10년이 넘었다. 밝은 에너지를 갖고 있어 주변 사람들에게 경쾌함을 나누고, 동학년을 할 때는 가까이에서 내가 하는 말에 늘 지원사격을 해 줘서 학년 운영에 큰 힘을 보탰다. 이 점에 늘 고마움을 느끼고, 그래서인지 지금까지도 나와의 인연을 이어가고 있다.

그녀는 15년 이상 학급 담임을 맡았던 경험을 가진 후, 이번에 처음으로 전담을 맡아 음악 수업을 준비해야 했다.

"처음 공개하는 음악 수업이라 긴장이 많이 돼요."

"그럴 수 있지. 그런데 먼저 음악 수업에 대한 부담을 버리라고 말하고 싶어. 너도 알다시피, 교사가 어떤 걸 잘한다고 해서 그것을 잘 가르친다고 보기는 어렵잖아."

"맞아요, 그런 면에서는 그렇죠."

우리는 우선 음악 교과서와 지도서를 살펴보기로 했다. 요즘 학교들은 교과서가 모두 같지 않다. 국가에서 교과서를 정하는 것이 아니라, 각 학교에서 회의를 거쳐 과목별로 검정 교과서를 결정한다. 그래서 학교마다 음악 교과서가 다르고, 수록된 제재곡이나 악기의 구성이 조금씩 다르다. 우선 숙희네 학교에서 사용하는 음악 교과서 출판사 홈페이지를 찾았다. 알고 보니 수업하려고 했던 제재곡이 우리 학교 교과서에도 포함된 곡이었다. 덕분에 내가 조언하는 일이 훨씬 수월해졌다.

"몇 학년으로 수업할 거니?"

"그 시간에 원래 배정된 학년이 4학년이라서 그 반 아이들과 수업하려고 해요."

교과 전담 교사는 여러 반을 담당하다 보니, 공개수업을 어느 반에서 할지 고민해야 한다.

"그래. 아이들에게 혼란을 주지 않으려면 그렇게 하는 게 좋겠네."

음악 전담이 없어서 음악과로 공개수업을 한다고 해도 별스러운 부담감을 느끼지 않는다. 이는 내가 음악과를 졸업해서 음악 수업에 대한 부담을 덜 느끼는 것도 있지만, 무엇보다 음악 교과만의 매력 덕분이기도 하다. 특히 1, 2학년은 음악 수업이 따로 없고 통합교과에 포함되어 있어, 음악과 신체활동을 결합해 신나고 활동적인 수업을 구성할 수 있다. 이런 수업에서 아이들이 몰입하는 모습을 보는 것은 교사로서 큰 행복이다.

"음악 수업의 도입에서는 본 수업과 관련된 신체 이완 활동을 넣으면 좋아. 선생님들이 이런 부분을 흔히 생각하지 못하거든. 예를 들어, 가창 수업이라면 발성과 관련된 입 주변 근육을 풀어주거나 입안을 동그랗게 만들어 보는 신체활동을 넣는 거지. 기악 수업이라면 손가락이나 팔을 풀어주면 돼. 음악 수업에 신체활동이 들어가면 참관하는 사람들도 '와, 이런 방법도 있구나' 하는 느낌을 받을 거야. 그리고 제재 곡을 다룰 때도 조금만 세심하게 접근하면 훨씬 전문적인 느낌을 줄 수 있어. 예를 들어, 곡을 분석하거나 곡의 특징을 살펴보는 과정을 넣는 거지."

"곡을 어떻게 분석해야 하죠?"

"아이들에게 질문을 하고, 그 답을 듣는 거지."

가창 수업 흐름 예시

1. 제재 곡 살펴보기
    - 제목, 작곡가, 작사가 확인하기
    - 박자와 곡이 만들어진 배경 설명
    - 빠르기와 장단 살펴보기
    - 자주 사용된 리듬을 익히고 연습하기
2. 가사 읽기
    - 교사가 먼저 읽고, 전체 아이들이 따라 읽기
    - 학생 한 명이 읽고, 전체 아이들이 따라 읽기
    - 학생 전체가 다같이 읽기
3. 가사를 읽고 느낌 발표하기
    - 개별 발표, 짝 발표, 모둠 발표 등(다양한 형태 활용)
    - 한 단어나 문장으로 말하기
4. 곡 듣고 느낌 발표하기
    - 곡을 들으면서 아이들이 느낀 감정이나 이미지 공유하기
5. 듣고 따라 부르기
    - 한 소절씩 듣고 따라 부르기
    - 따라 부르기 어려운 부분은 피아노 같은 가락 악기로 연주
      하거나, 교사가 시범으로 부르기

6. 반주에 맞춰 제창하기
   - 다양한 방식으로 노래 부르기
   - 전체 제창: 모두 함께 부르기
   - 릴레이 방식: 첫째 줄은 1분단, 둘째 줄은 2분단이 부르기 등
   - 반 친구들 앞에서 부르기: 독창, 2명 또는 그 외 다양한 인원
     구성으로 발표하기
* 음악 수업에 '창의성'과 '사고 활동'을 접목하는 것을 추천한다.

"선배님과 이야기하니까 고민이 많이 해결되었어요. 감사합니다."

"음악에는 가창, 기악, 창작이 있잖아. 그중에서 숙희는 어떤 분야의 수업이 제일 편해?"

"저는 기악 수업을 하려고요. 리코더 대신에 칼림바를 사용할 예정입니다."

"그거 좋은 아이디어다. 재밌을 것 같아. 칼림바는 연주법도 어렵지 않고, 쉽게 구할 수 있는 악기라서 아이들이 좋아할 것 같아. 참관하시는 선생님들에게도 새로운 도전으로 보일 거야."

수업의 도입 부분에는 기악 수업과 관련된 신체활동을 넣고, 제재곡에 연결되는 스토리텔링을 권했다. 사람의 뇌는 '이야기'를 좋아한다고 한다. 이야기와 수업 활동을 연결하면 아이들의 이해와 기억

을 높일 수 있다. 또한, 악기 연주 기능을 익히려면 본시 이전에 충분한 연습 기간을 아이들에게 제공해야 한다. 음악 수업은 기능적인 면이 우수할 때 참관하는 교사에게도 훨씬 배울 점을 제공한다.

"사실 아이들이 화음의 아름다움을 느껴보는 게 중요하다고 생각해. 음악이라는 게 혼자 노래하고 연주하는 것도 좋지만, 합창이나 합주를 통해 어울림을 익히는 것이 음악 교과가 가진 매력이라고 보거든."

"저도 아이들이 이 수업을 통해 음악과 서로 간의 어울림을 배웠으면 해요."

10여 년 남은 교직 기간 중 누군가 내게 수업에 관해 물어온다면 아는 범위에서라도 도움을 주고 싶다. 그것이 결국 선후배가 함께 발전하는 길이니까. 좋은 수업은 결국 아이들에게 좋은 영향을 미친다. 그러니 수업으로 고민하는 교사에게 이 말을 전하고 싶다.

'수업에는 왕도가 없습니다. 노력하면 길이 보일 거예요.'

교사의 세상,
교사라는 배움

"선생님, 자신을 사랑해 주세요.

선생님은 교사이기 이전에 부모님의 소중한 '자녀'라는

사실을 늘 잊지 말아 주십시오. 어떤 일이 있어도 말이죠."

선생님이
보고 싶어 왔어요

　수업을 마친 후 오후 3시에 회의가 있었다. 본관 4층 회의실에서 30분 정도 회의를 마친 뒤, 교실로 가는 길이었다. 동학년 선생님들과 함께 별관 3층 계단을 올라가던 중, 교실 쪽 복도로 들어서는데 우리 교실 앞에 낯선 그림자가 보였다. 언뜻 보니 세 명 정도의 아이들이었다. 누구일까? 분명 고학년인 것 같았지만, 나를 찾아온 학생인지 아니면 우리 반 아이의 학부모인지 멀리서 봐서는 구별이 어려웠다. 천천히 교실로 다가갔다. 그런데 그 그림자가 갑자기 우리 교실로 들어갔다.

　'어, 누구지?'

　걸음을 재촉해 교실로 다가갔다. 그 그림자는 마치 그곳이 자기 교실인 것처럼 안으로 들어갔고, 교실 앞문을 자연스럽게 닫았다.

나는 걸음을 더 빨리 해서 문을 열고 교실로 들어갔다. 아까 들리던 인기척은 이미 사라졌고, 교실 안에는 아무도 없었다.

"선생님!!!"

"아이고, 깜짝이야!"

"저희예요."

"아! 너희들이구나. 오랜만이네. 잘 지냈어? 너무 반갑다."

작년에 담임을 맡았던 현재 5학년 여학생 세 명이었다.

"어쩐 일로 여기까지 왔어?"

"방과 후 수업 들으러 왔다가, 선생님이 보고 싶어서 잠시 들렀어요."

"그랬구나. 더 자주 오지 그랬어?"

"별관에 올 일이 생각보다 없어서 못 왔어요."

"그랬구나."

학년이 올라가도 아이들의 얼굴과 모습은 작년과 변함이 없었다. 해맑게 웃는 얼굴, 귀엽게 말하는 분위기, 나에게 건네는 말투도 여전했다. 지난 2월, 이 아이들과 헤어질 때 서운한 마음이 들어서 눈물이 핑 돌았던 기억이 난다. 매년 한 학년을 마무리할 때는 아이들과 함께 롤링 페이퍼를 만들어 한마디씩 인사를 나누는 시간을 갖는다. 그런데 작년에는 그 시간에 갑자기 눈물이 왈칵 쏟아져서 아이들에게 민망한 마음에 얼른 고개를 칠판 쪽으로 돌렸다. 그날 아이들을 하교시키며 나는 이렇게 생각했다.

'일 년 동안 힘든 일도 많았지만, 이 아이들이 내 마음에 깊이 남아 있었구나.'

오늘 작년에 아이들과 헤어질 때 나만 아쉬웠던 게 아니라는 걸 확인한 것 같았다. 이렇게 나를 찾아준 세 아이에게 감사한 마음이 들었다.

"선생님, 지금 저희 반에서도 글똥 누기 공책과 배움 노트 써요."

"근데 우리 반에서 쓰는 건 작년에 선생님이 주신 것과 조금 달라요."

"칭찬통장이 업그레이드됐네요."

"아니, 우리 교실을 다 뒤진 거야?"

"네, 이미 다 봤어요. 히히히."

멋쩍게 웃는 아이들을 혼낼 수가 없었다. 이렇게 귀한 시간에 별관까지 나를 찾아준 사실만으로도 이미 충분히 감사했다. 나는 눈가에 미소를 띠며 말했다.

"이건 뭐야?"

내 책상 위 모니터 앞에 줄 공책 한 장이 놓여 있었다. 그 종이 위에는 세 명의 아이가 번갈아 가며 쓴 글씨가 보였다. 내가 오기를 기다리며 서로 돌아가며 써놓은 손 편지였다. 글자 사이에는 젤리 세 개가 놓여 있었다. 작년에도 내가 교실을 잠시 비우면 가끔 책상 위에 이렇게 깜짝 편지를 놓곤 했었다. 오늘도 내가 없는 사이를 틈타서 키득거리며 세 명이 머리를 맞대고 편지를 쓴 그 모습이 상상되니 귀엽고 기특했다. 피식 웃음이 나왔다.

　책상 서랍을 뒤적였다. 본관에서 별관까지 찾아온 아이들에게 줄 간식을 찾았다.

　'공부하느라 배고프겠지.'

　아이들이 좋아할 젤리가 보여서 손에 하나씩 쥐여주었다.

　"5학년 수학 어렵지 않아?"

　"너무 어려워요."

　"그래. 5학년부터 수학이 갑자기 어려워지거든. 조금 더 꼼꼼하게 풀어보렴. 너희는 잘할 거야. 자신을 믿어."

　"네, 선생님! 그렇게 해볼게요."

　수학을 열심히 해보라는 말에 긍정적으로 답해주는 아이들에게 고마운 마음이 들었다. 이렇게 조잘조잘 수다를 떨며 우리 교실에서 20분가량의 시간을 보내고 아이들은 나와 작별 인사를 했다.

　'너희 앞날에 따뜻한 기운이 가득하길 바란다. 사랑한다.'

나의 첫 교직 생활

신규 임용 발령을 받아 충청남도 D 초등학교에 부임했다. 교육청에서 발령장을 받고 승용차로 약 25분을 달리니, 내가 근무할 학교가 눈앞에 보였다. 그날부터 나의 교직 생활이 시작되었다. 학교는 전교생이 100명 남짓한 작은 규모였다. 교직원은 일반직 공무원을 포함해 18명 정도였으며, 벽지학교라서인지 승진을 준비하는 선생님들이 대부분이었다. 신규 교사가 발령받기 어렵다는 이곳에 내가 오게 되었다는 사실을, 미리 근무 중인 선배님이 알려주셨다. 학교 규모가 작아 교사 한 명이 맡아야 할 업무가 많았다. 초임 발령을 이런 작은 학교에서 받아 일을 배우다 보니 주어진 업무는 묻지도 따지지도 않고 추진하는 습관이 생겼다. 덕분에 일을 전투적으로 처리하게 되었고, 이후 학교를 옮기고 난 뒤에도 이런 적극적인 성향은 자연스럽게 이어졌다. 덕분에 업무에 대한 두려움은 많이 줄어들었다. 타향살이를 시작하며 바쁘게 돌아가는 학교에 발령받은 것은 어쩌면 나에게 행운이었을지도 모른다. 물론 처음에는 공문 작성법조차 몰라 옆 교실 부장 선생님께 자주 도움을 청하곤 했다. 게다가 지역 특유의 억양 때문에 아이들이 내 말을 이해하지 못할까, 걱정되어 혼자 언어를 교정하며 고군분투했던 기억도 난다.

'바닷물이 갈라지는 신비의 장소, 무창포 해수욕장'

D 초등학교 근처에는 '신비의 바닷길'로 알려진 무창포 해수욕장이 있다. 내가 D 초등학교에서 근무할 당시, 아이들과 함께 이곳에서 해양 봉사활동을 하며 쓰레기를 줍거나, 갈라진 바닷길을 걸으며 특별한 경험을 나누곤 했다. 체험학습을 갔던 날, 우리는 바닷가 인근 잔디밭에 동그랗게 둘러앉아 수건돌리기를 하며 시간을 보냈다. 바닷가 특유의 강렬한 햇볕 탓에 아이들은 그늘을 찾아 이곳저곳을 돌아다니며 웃음을 터뜨렸다. 이런 모습들이 지금도 생생하게 기억난다. 쉬는 날이면 부산의 바다가 그리워 무창포를 찾아 마음을 달래기도 했다. 오늘은 시댁을 방문한 후 생긴 하루의 여유를 이용해 일부러 이곳을 찾아왔다. 다시 만나는 무창포는 여전히 고요하면서도 신비로웠고, 예전 추억들을 떠올리게 해주었다.

초임 발령을 받고 이곳 보령에서 9년을 근무한 후 고향인 부산으로 돌아온 지 벌써 17년째다. 돌아보면 좋은 기억들이 떠오르며, 그 시간이 참으로 소중하게 느껴진다. 그때는 초임 교사 시절이라 내가 뭘 해도 너그럽게 이해받곤 했다. 업무적으로 실수해도 크게 문제 삼는 사람은 없었다.

"지금은 실수해도 괜찮아. 선배가 되면 그마저도 어려워지거든."

당시 한 선배님이 내게 해주셨던 말씀이 아직도 생생하다. 정말 맞는 말이다. 나이가 들어간다는 건 경험과 노련함을 얻는 대신, 더 잘해야 한다는 부담감도 함께 따라오는 것이다. 물론 지금의 나는 28년 경력을 가진 고경력 교사로서 이 자리에서 느끼는 편안함이 있다. 하지만 이 자리에 오기까지는 수많은 시행착오, 초임 시절의 열정, 그리고 실패가 바탕이 되었다. 그래서 초임 교사들을 만날 때마다 항상 이렇게 말한다.

"마음껏 도전하고 실패해 보세요. 그것이 성장의 시작이에요."

교사에게 신규 시절은 돌아보면 부끄럽고, 누구에게 말하기도 쑥스러운 아픈 손가락 같은 시기다. 일의 흐름을 잘 몰라 우왕좌왕하기 일쑤였고, 도움을 받고 싶어도 누구에게 어떻게 물어봐야 할지 몰라 망설이던 기억이 난다. 하지만, 이런 불편하고 서툰 기간이 교사로 성장하는 데 필요한 과정임을 이제는 안다. 초임 발령을 어떤 학교에 받느냐, 그곳에서 어떤 업무를 맡고 어떤 선배와 근무했느냐는 향후 그 교사의 교육 철학과 업무 수행 방식에 큰 영향을 미친다. 나는 그런 면에서 참 운이 좋았다. 벽지학교로 발령받아 몰아치는 업무를 해결하며 빠르게 적응할 수 있었고, 수업 고민에 매진하는 선배님과 함께 일하며 많은 것을 배웠다. 선배 교사의 업무를 도우면서 기획부터 추진 과정까지 꼼꼼히 익힐 수 있었던 점도 큰 자산이 되었다.

특히 D 초등학교는 작은 규모의 학교라 행정실이 따로 없었고, 교무실 한쪽에 행정업무를 담당하시는 직원이 계셨다. 덕분에 행정업무를 처리하는 모습을 자연스럽게 접하며 회계 관련 업무를 이해할 수 있었다. 또한, 당시 학교에 컴퓨터가 막 도입되던 시기라 정보업무를 맡아 추진하면서 전산 업무에 대한 감각도 키울 수 있었다. 이 모든 경험이 나를 더욱 단단한 교사로 만들어 주었다. 신규 시절의 배움이 지금의 나를 있게 한 밑거름이 된 것이다.

"일은 도와드리면서 배우는 거야."

다른 사람의 업무를 속속들이 알기란 쉽지 않다. 그래서 나는 누군가의 일을 도와주면서 그 과정을 배우곤 한다. 이 방식은 상대방에게 부담을 주지 않으면서도, 내 업무 추진 능력을 키울 수 있는 나만의 방법이다. 이 방식을 후배들에게도 전해주고 싶다. 요즘은 선배에게 직접 물어보는 일이 드물다. SNS나 메시지 앱 등을 통해 동료나 친구에게 도움을 받는 일이 훨씬 더 편해졌기 때문이다. 필요한 정보를 실시간으로 주고받을 수 있어서 우리 때보다 훨씬 수월하다. 하지만, 동료들 간에 나눌 수 없는 한계도 분명히 있다. 특히 교직 경력이 쌓여야만 알 수 있는 비법은 선배 교사에게서 배우는 게 좋다. 예를 들어 아이들의 마음을 어루만지는 방법, 학부모와 소통하는 요령, 그리고 교직원 간의 조화와 협력 같은 것들은 경력이 많은 선배와 대화하면서 얻는 것이 가장 효과적이다. 그런 면에서 후배들에게 선배와 소통하는 기회를 놓치지 말라고 조언해 주고 싶다.

'소통이 답이다.'

내가 50이 넘어서 SNS를 시작한 이유는 단순하다. 교직 생활에서 정체되지 않고 계속해서 배워가고 싶었기 때문이다. SNS를 통해 다른 선생님들이 수업을 준비하거나 학급을 운영하는 다양한 방식을 보면서 많은 아이디어와 동기를 얻었다. 5년간 이런 소통을 이어오며 느낀 것은, 이 선택이 그리 틀리지 않았다는 점이다. 그럼에도 불구하고 절대 잃지 말아야 할 것이 있다. 바로 교직에 첫발을 내디뎠을 때 가졌던 '교사로서의 초심'이다. 그래서 나는 시간이 날 때마다 내 초임학교를 찾아간다. 그곳에 가면 아이들과 함께했던 운동회 준비, 학급에서의 소통 흔적들이 떠오른다. 그 시절의 기억은 참 생생하다. 선배님과 나눈 고민 가득한 대화, 교직원 간의 갈등을 풀어가며 배운 협력의 방법, 시행착오 속에서 얻었던 값진 교훈들. 운동장에서 운동회를 준비하며 처음 마이크를 잡았던 떨리는 순간, 어렵게 공개수업을 끝낸 뒤 선배에게 들었던 따뜻한 격려의 말들. 이 모든 경험이 현재의 나를 지탱하고, 더 나아가게 만드는 원동력이 된다. 지금은 수업이나 업무를 추진할 때 초임 시절처럼 긴 시간 고민하지 않는다. 경험이 쌓이고 노련해진 만큼 더 빠르게, 효율적으로 처리할 수 있다. 그런데도 결과물은 그때보다 훨씬 나아졌다.

그럼에도 나에게 끊임없이 묻는다.

'이렇게 수월하게 교직을 이어가면서 내가 안일해지지는 않았을까?'

현재의 위치나 자리에 머물지 않고 발전하면서도 초심을 유지하는 것, 그것이 내가 초임 시절을 돌아보는 값진 이유다.

교사가 병가를 내면

가끔 '업무포털'을 열어 나이스의 '일일 근무상황부'를 확인한다. 주로 업무계획서 작성, 회의 소집, 결재 요청 등의 필요가 있을 때다. 그중에서도 가장 자주 확인하는 것은 교장선생님과 교감선생님의 출장 일정이다. 물론 동학년 선생님들이나 다른 선생님들의 근무 상황도 확인할 수 있다. 그런데 매년 특정 시기가 되면 선생님들의 '병가'가 몰리는 현상이 나타난다. 그때면 나는 항상 이것이 다가온다는 신호로 받아들인다. 그것은 바로 '방학'이다.

학기 동안 지칠 대로 지쳐도 겨우 버티다가, 더 이상 버티기 힘들면 몇 번의 조퇴로 이를 견뎌낸다. 그래도 여전히 힘들면, 결국 병가를 낸다. 매일 수업이 있는 교사는 보통 병가를 내지 않는다. 왜냐하면 병가를 내면 내 수업과 아이들을 다른 선생님이 맡아야 하기 때문이다. 이런 상황은 교사들이 되도록 만들지 않으려는 철칙이 있다. 그런데도 병가를 냈다면, 그건 그 선생님이 '대단히 아프거나 입원한 경우'일 가능성이 크다. 그래서 동료 교사들은 병가를 낸 선생님에게 "왜?"라고 묻지 않는다. 대신 "얼마나 많이 아프길래 병가까지 내셨어요?"라고 말한다. 교사들은 누구나 '웬만해서 병가는 내지 않는다'는 사실을 잘 알기 때문이다.

5년 전, 학교에서 갑작스러운 현기증과 두통으로 인해 구급차에 실려 간 적이 있었다. 그날은 쉬는 시간에 아이들과 상담을 진행하던 중이었는데, 갑자기 머리가 어지러워졌다. 옆 반 선생님께 아이들을 잠시 부탁하고 보건실로 향했다. 엘리베이터를 탔을 때 천장이 빙빙 도는 느낌이 들었다. 겨우 1층 버튼을 누르고 내려오니, 보건 선생님이 내 안색을 보고 깜짝 놀라셨다.

"얼굴이 창백해요."

"그런가요? 갑자기 너무 어지러워서 내려왔어요."

"혈압부터 재 볼게요."

보건 선생님은 침대에 누운 나에게 다가와 혈압을 측정해 주셨다. 평소 저혈압이라 혈압에 대해 크게 걱정한 적이 없었는데, 그날은 갑자기 혈압이 너무 올라 깜짝 놀랐다. 보건 선생님은 내가 병원에 가는 것이 좋겠다고 하시며 119에 연락해 구급차를 불렀다. 병가 조퇴 상신을 교감 선생님께 부탁드린 뒤, 응급차가 도착할 때까지 보건실 침대에 누워 있었다. 병원 응급실에 도착해 진료받고 관련 검사도 진행한 후, 안정을 위해 약 2주간 입원 치료를 받기로 했다.

"선생님, 평소에 학부모님들과 소통을 잘하셔서인지 민원이 한 번도 들어오지 않았어요. 감사합니다!"

"네? 그게 무슨 말씀인가요?"

"담임선생님이 2주씩 병가를 내면 보통 다른 반에서는 민원이 들어오기도 하는데, 선생님 반에서는 모든 학부모님이 담임선생님 걱정만 하시더라고요."

"아, 네. 그러셨군요. 정말 다행스러운 일입니다."

그때 교장 선생님께 상황을 보고드리기 위해 전화를 드리자, 위와 같은 말씀을 하셨다. 우리 반 학부모님들께 감사한 마음이 들었지만, 한편으로는 교사가 아픈 상황에서도 '민원'을 신경 써야 하는 현실이 씁쓸하게 다가왔다.

교직은 엄연한 직업이므로, 교사도 아프면 병가를 낼 수 있어야 한다. 물론 담임교사가 바뀌면 아이들이 혼란을 겪을 수 있지만, 이는 불가피한 상황일 수 있다. 교사가 건강해야 교육 활동이 원활하게 이루어지므로, 교사의 병가에 대해 과도한 반응은 지양해야 한다. 아이가 아프면 병결을 내듯이, 교사도 아프면 병가를 통해 건강을 회복할 수 있어야 한다. 이는 교사와 아이, 나아가 교직의 건강을 지키기 위한 필수적인 권리라고 생각한다.

교사에게도
휴식이 필요하다

방학은 교사에게 '근무지 외 연수' 기간이다. 이 기간에 나는 잠시 '교사'라는 역할을 벗어나고자 한다. '가르치는 일을 잊고 배우는 일에 전념'하고 싶어서다. 나 자신을 갈고닦아야만, 더 나은 교육을 제공할 수 있기 때문이다.

어제는 연수를 마친 후 대학 음악과 동기 두 명과 함께 부산 동래에 있는 '회동 저수지'를 찾았다. 차로 30분 정도 달려 도착한 이곳은 시원한 저수지가 있어 마음이 개운해지는 느낌이었다. 저수지는 강이라고 해도 믿을 정도로 규모가 컸고, 그 주변을 산책로가 둘러싸고 있었다. 우리는 그 산책로 입구에서 20분 정도 걸어 들어갔고, 다섯 가구가 있는 마을을 만났다. 저수지 입구에는 식당과 카페가 있었는데, 그중 하나는 나와 동행한 친구의 지인이 운영하는 카페였다. 우리는 걷기 전 커피를 먼저 마셨다. 날은 추웠지만 차로 몸을 데우니 추위는 어느새 잊을 수 있었다.

카페에서 나와보니 둑길이 보였다. 둑길을 따라 걸으니, 저수지가 펼쳐져 있었다. 저수지 위로 철새들이 헤엄을 치고 있었다. 겨울 추위에 한껏 몸을 움츠린 새들이 떼로 모여 있었다. 새소리가 마치 '돼지 울음'처럼 들려 놀랐다. 저 아이도 스트레스가 쌓였나 싶어 우리는 웃었다. 저수지 앞에 펼쳐진 시원한 전경에 마음이 사로잡혔다. 망각이 없다면 이 세상을 살아갈 수 있을까. 눈앞에 흐르는 저수지 물에 올 한 해 동안의 무거운 일들을 모두 흘려보내고, 마음껏 웃었다.

산책을 끝내고 내려오는 길에 삼삼오오 길을 걷는 어머니뻘 되는 분들을 뵈었다. 지팡이를 짚고, 다리를 절뚝거리며 걸어가시는 분도 계셨다. 아무 말 없이 따라가는 우리를 힐끔 보시더니 "먼저 가세요"라며 길을 열어주신다. "감사합니다"라고 말하자, 그분은 "나이가 들어서 빨리 가지 못하겠어요"라고 하시며 너털웃음을 지으셨다. 그 웃음에 우리는 가슴이 찡했다. 나이가 들어간다는 것이 이런 걸까. 아무도 뭐라고 하지 않는데, 굳이 그렇게 말하시다니. 내 어머니도 다른 곳에서 저분들과 비슷한 모습으로 다니실 거라는 생각이 들었다.

산책길을 내려오면서 자연이 인간에게 주는 치유의 힘에 대해 생각해 봤다. 엄마 품처럼 따뜻한 자연 속에서, 오늘 하루만큼은 내 안에 있던 것들을 모두 쏟아낼 수 있었다. 바쁘게 살아가느라 그동안 놓쳤던 삶의 단추 하나를 다시 채우고 싶은 마음이 들었다. 앞으로는 일부러라도 시간을 내어 이런 여유를 가져야겠다고 다짐했다.

문득 35년째 내 옆을 지켜주는 두 친구에게 감사한 마음이 들었다. 이들은 특별한 일이 없고, 별 목적 없이 불러도 기꺼이 만나 차를 마시고 밥을 먹는다. 시간이라는 소중한 투자를 나에게 조건 없이 해주는 친구들에게 고마운 마음이 들었다. 소소한 이야기들을 나누며, 잔잔히 살아가는 일상과 학교에서 있었던 일화에도 공감해 준다. 집안 살림을 어떻게 하면 좋을지 조언해 주고, 남편과 친정과 관련된 사적인 논란에도 감 놔라, 대추 놓으라며 잔소리를 보탠다. 이런저런 소리에도 기분 언짢아하지 않고, 오히려 웃어주는 친구들에게 그저 감사하다. 어디서 이런 인생의 동반자를 만날 수 있을까.

'감사하고, 또 감사하다.'

'고마워, 친구들아!'

"앞으로도 이렇게 하루하루 삶의 단추를 같이 채워가 보자."

"교사에게도 휴식이 필요하다."

동료 교사가 있어
외롭지 않습니다

오후 4시 20분.

오늘은 평소보다 일찍 컴퓨터를 껐다. 회식이 있는 날에는 남은 일을 신속하게 마무리하는 편이다. 동학년 선생님들과 함께 건물 밖으로 나가 학교 주차장을 지나갔다. 교문으로 향하던 중, 방과후 수업을 마치고 나오던 우리 반 아이들이 나를 보고 환하게 인사를 건넨다.

"안녕하세요, 선생님."

"어, 그래. 아직 집에 안 갔구나."

퇴근 시간까지 학교에 남아 있는 아이들을 볼 때마다 마음이 짠하다. 아침 8시 40분부터 이 시각까지 학교에 있으니 힘들지 않냐고 묻고 싶지만, 그런 질문이 부담될까 멈춘다. 아이는 어떤 어려움이 있어도 스스로 버텨내며 배울 점을 얻을 테고, 그 과정을 내가 방해해선 안 된다고 생각했다.

회식 장소로 정한 식당의 문을 열고 들어가 동학년 선생님들이 앉기 좋은 테이블을 찾았다. 구석에 적당한 자리가 보여 그곳으로 가서 가방과 옷을 의자에 걸었다. 그리고 나니 마음이 놓인다. 아직 오지 않은 동료들을 기다리며 여유롭게 이야기를 나눌 시간이 생겼으니까.

오늘은 한 학기에 한 번 정도 있는 전 직원 회식 날이다.

직장에서의 회식은 또 다른 '일의 연장'이라고 여겨 부담스러워하는 사람도 있다. 물론 그럴 수 있지만, 회식을 마치고 다음 날 학교에 가면 구성원 간의 친밀감이 확연히 달라진다. 평소 자주 말을 나누지 않던 사람과도 회식 후에는 더 가까워지고, 단순히 밥 한 끼를 함께 했을 뿐인데 상대가 자연스럽게 말을 걸어오기도 한다.

또한, 관리자가 같은 학년 동료교사처럼 보이면서 '저분 참 솔직하시네' 또는 '괜찮네'라는 이야기가 직원들 사이에 오가곤 한다. 만약 '저 사람과는 사적인 자리에서 다시 만나보고 싶다'는 생각이 든다면, 그건 회식이 성공적이었다는 증거 아닐까.

회식 덕분에 일할 맛이 난다면, '회식은 직장에서 필요하다'고 결론 내릴 수 있다.

"커피 한잔할래요?"

전체 식사를 마친 후, 한 여자 선배가 내게 물었다. 반가운 마음에

"네"라고 바로 대답했다. 회식 장소에서 5분 정도 걸으면 집으로 가는 마을버스 정류장이 있다. 그 정류장 바로 앞에 있는 카페로 들어갔다. 입구를 지나 세 테이블쯤 더 들어가 가장 안쪽 자리에 앉아 커피 두 잔을 주문했다.

목적 없이 만난 마음 편한 사람과 마시는 커피는 행복감을 준다. 별말 없이도 좋고, 그냥 지나가는 사람을 바라보는 것만으로도 편안하다. 강아지 한 마리가 주인과 눈을 맞추며 꼬리를 흔들고 손을 핥는다. 보송보송한 흰 털을 흔들며 따뜻한 외투를 입은 강아지가 눈에 들어왔다. 주인을 바라보는 그 눈빛에서 꿀이 뚝뚝 떨어질 것만 같았다.

"너도 나만큼 행복해 보이네."

학교에서 아이들과 복닥거리며 지내는 일이 항상 쉬운 건 아니다. 수업 시간에 가르칠 내용을 정리하고, 아이들이 이해하지 못하면 추가 설명한다. 매시간 아이들이 수업 내용을 제대로 이해했는지 파악하고, 필요하면 다시 설명한다. 다투는 아이들을 지도하고, 친구끼리 사이좋게 지내야 하는 이유를 설명하기도 한다. 이와 관련해 학부모에게 과정을 전달하며 가정의 협조를 구하는 일도 있다.

업무를 처리하면서 동시에 다음 날 수업 준비도 해야 한다. 하루 종일 화장실 갈 시간이 없어 퇴근할 즈음 아랫배가 묵직해질 때도 있다. 수업 후 물 한 잔 마시려는 순간 갑작스러운 회의에 소집되거나, 학습 준비물이 도착하면 개수와 물량을 확인하고 학교 행사에 필요한 물품을 주문하기도 한다. 퇴근 시간이 다가올 무렵 민원 전화라도 받으면 가슴이 답답해지고 꽉 막히는 듯한 기분이 든다. 그럴 때면 마치 세상에 나 혼자인 것 같은 고립감을 느끼기도 한다. 하지만 주변을 조금만 돌아보면, 내 마음을 들어줄 사람들이 있다. 바로 옆 교실에도, 동학년에도 함께하는 동료 교사들이 있다. 작은 눈빛 하나에도 공감하고 웃어주며, 때로는 울어줄 동료들이 있다. 말 한마디에 손뼉을 쳐주고, 고개 한 번에 대신 전화를 걸어줄 선배와 후배들도 있다. 그래서 교직은 여전히 따뜻하고, 버틸만하다. 이런저런 일로 힘이 빠져도 우리에겐 마음을 나눌 동료 교사가 있어, 다시 아이들을 가르칠 용기를 낼 수 있는 곳, 그곳이 바로 교직이다. 선배와 헤어져 돌아오는 버스 안에서 하늘을 올려다보니, 검은 하늘에 별들이 반짝이고 있었다. 오늘도 나의 교사로서의 하루가 조금씩 더 익어가고 있다.

학교폭력은 근절되어야 합니다
– 드라마 「더 글로리」를 보고

학창 시절 학교폭력으로 힘든 시간을 보낸 한 여학생이 긴 고통을 견디고 성장해 초등학교 교사가 된다. 그리고 자신을 괴롭혔던 고등학교 친구들에게 복수하는 내용을 그린 드라마, 「더 글로리」. 드라마 내내 '동은'(학교폭력 피해자이자 주인공)과 '여정'(동은의 조력자)의 복수에 대한 절절함에 나는 주먹을 불끈 쥐었다. 드라마 속에서 악행을 저지른 인물들이 하나씩 무너져 내릴 때, 시원했지만 여전히 복수의 '부족함'을 느꼈다. 드라마이기 때문에 현실에서는 실현이 어려운 더 강한 '잔인함'을 기대했지만, 그 복수의 과정은 다른 드라마들과 달리 새로웠고, 이야기 중반 놀라운 반전에 움찔했다. 이 드라마의 높은 시청률은 그만큼 학교폭력에 대한 사람들의 관심이 높다는 의미가 아닐까.

'학교폭력'을 내 아이와 연결하고 싶지 않지만, 이미 우리에게 익숙한 단어가 되었다. 요즘 아이들 간에 다툼이 발생하면, 학부모님들 중에는 일어난 일에 대해 자세히 알아보려는 마음보다는 우선 '학교폭력위원회'를 열어 해결하려는 경우가 많다. 교무실이나 교장실에 전화해 목소리를 높이며 아이를 보호하려 한다. 마치 자신이 아니면 누구도 아이를 지켜줄 사람이 없다고 생각하는 듯 보인다. 하지만 담임교사에게 일의 경과를 전달해 객관적인 사실을 파악하는 것이 우선이어야 한다. 어떤 이유로도 아이들 간의 폭력은 절대로 용납되어서는 안 된다. 그런데 요즘 학교 현장은 어떤가. 아이들 간의 분쟁이 일어나면 피해를 본 아이보다 오히려 가해자와 그 부모의 목소리가 더 커지는 경우가 많다. 그런 상황에서는 어디서부터 이야기를 풀어나가야 할지 막막할 때가 있다.

"다른 사람의 몸에 손을 대거나 나쁜 말을 해서 상대방에게 불편함을 주면 안 되는 거야."

이건 사람 간의 기본적인 도리다. 그런데 이 간단한 내용을 인정하지 않는 아이와 학부모가 있다. 본인의 아이는 절대 다른 아이를 괴롭혔을 리가 없다고 주장하는 학부모도 있다. 이렇게 되면 아이들 간의 다툼은 갈등의 고리가 깊어지고, 아이들에게 일어날 교육적 성장은 희박해진다. 드라마 「더 글로리」에서 동은에게 일어난 상황처럼 말이다. 결국 학교폭력이 일어난 현장에는 다수의 피해자만 남는다. 피해를 당한 아이는 가슴에 상처를 안고 평생을 살아간다. '학교폭력'으로 인한 피해자의 상처는 성인이 되어도 쉽게 치유되지 않는다고 어느 정신과 의사가 말했다. 사실, 드라마에서는 동은이 가해자에게 시원하게 복수하지만, 현실에서는 그게 가능할까? 그리고 복수를 한다고 해도 피해자의 마음은 깨끗하게 풀릴까? 어차피 학창 시절의 그 상처는 쉽게 지워지지 않을 텐데 말이다.

가해자는 자기 잘못이 무엇인지도 모르는 경우가 많다. 누구도 정확히 알려주지 않는다면 말이다. 교사로서 이 사실에 씁쓸함을 느낀다. 그리고 피해자보다 가해자의 학부모가 더 큰 소리를 낼 때, 교사는 가해자에게 '무엇이 잘못인지' 가르쳐주지 못하는 상황이 된다. 그렇게 되면 아이는 자기 잘못을 깨닫지 못하고, 무엇이 옳은 행동인지 알지 못한 채 잘못된 행동을 반복하게 된다. 결국 그로 인해 또 다른 피해자가 발생할 수 있다. 가해자의 학부모는 그런 아이의 모습을 반복적으로 지켜봐야 한다. 그와 반대로, 피해자는 그 시간을 지나면서 자신의 무력함을 탓하며 이유 없는 우울감에 힘들어할 수 있다. 이러한 두 상황은 모두 비극이다.

아이는 어떤 일을 통해서든 배움을 얻는다. 그러므로 학교폭력 상황이 발생하더라도 어른은 아이가 배울 수 있는 길을 열어주고, 자기 잘못을 돌아볼 시간을 주어야 한다. 아이는 잘못을 할 수 있다. 그래서 어른들은 언제든지 변화할 수 있는 아이들에게 올바른 길을 가르쳐야 한다. 그것이 학교, 교사와 어른들이 존재하는 이유다. 만약 교육기관과 어른들이 그 역할을 제대로 하지 않는다면, 우리의 소중한 아이들은 바른 행동이 무엇인지 모르거나, 가슴에 상처를 안고 살아가야 한다. 그런 일은 절대 일어나지 않기를 바란다. 이제는 학교 현장에 투명하고 확실하게 '학교폭력을 근절하고, 발생한 사안에 대해 아이들이 배움을 얻을 수 있는 시스템'이 마련되었으면 좋겠다. 그리고 어느 한 명의 교사, 어른, 학생에게만 책임이 지워지지 않기를 바란다.

드라마 「더 글로리」는 학교폭력 피해자에게 '치유'를, 가해자에게는 비록 늦었지만 깊은 '반성'을 요구한다. 하지만 과연 현실은 드라마처럼 될 수 있을까? 동은은 학창 시절 자신을 괴롭혔던 가해자에게 복수하려 18년을 준비했다. 그러나 현실은 드라마와 같을 수 없다. 실제로 학교폭력의 피해자는 자신의 피해 사실과 가해자의 행동을 계속해서 밝혀야 한다. 또한 「더 글로리」의 가해자 부모처럼, 자녀의 잘못을 부정하고 무죄를 주장하기도 한다. 피해자는 결국 어떤 방식으로든 '포기'할 수밖에 없고, 그 긴 여정 속에서 몸과 마음은 지쳐간다. 그로 인한 패배감과 수치심, 무력감은 피해자의 삶을 피폐하게 만든다.

학급에서는 가끔 소수의 아이가 다수의 아이를 눌러버리는 모습을 볼 수 있다. 이런 아이들은 보통 목소리가 크고 표현이 강해서 마치 학급에서 주도적인 역할을 하는 것처럼 보인다. 그러다 보니 다수의 조용한 아이들은 그 분위기에 묻혀 간다. 만약 담임교사가 그들의 행동에 특별한 제한을 두지 않거나 무관심해진다면, 교실은 '약육강

식'의 분위기가 지배하는 무질서한 공간이 될 수 있다. 이런 양상이 사회로 이어지면 그 이후의 모습은 상상하기조차 끔찍하다. 따라서 이런 악순환의 고리는 반드시 끊어져야만 한다. 학교에서는 공정하고 성실하며 착한 아이들이 반드시 인정받을 수 있는 환경이 마련되기를 바란다. 교사 혼자만의 노력으로 제대로 된 교육이 가능하다면 얼마나 좋을까. 하지만 다양한 제도적 정비가 이루어져 점진적으로 학교 환경이 개선되기를 믿어본다. 또한 어린 나이에 잘못을 저지른 아이도 제대로 교육받아 행동 교정이 되기를 진심으로 바란다. 어쩌면 이런 가해자도 어른의 잘못이 낳은 또 다른 피해자가 아닐까.

"저는 도저히 이 드라마를 못 보겠어요."

학교폭력 피해자로 학창 시절을 보낸 한 지인이 이렇게 말씀하셨다. 그렇다면 가해자는 과연 어떤 생각을 할까? 나는 피해자와 가해자 모두 이 드라마를 보지 않으리라 생각한다. 하지만 학교폭력과 무관한 대다수의 사람들이 이 드라마를 시청한다면, 학교폭력이 절대로 일어나서는 안 된다는 사실을 깊이 인식할 것이다. 최근 유명인들 중 학창 시절 학교폭력 가해자였던 사실이 밝혀져 그동안 쌓아온 명성이 한순간에 무너지는 모습을 종종 본다. 그들이 그때 제대로 사과했다면, 이런 파괴적인 결과는 없었을 것이다. 오히려 이런 사례들이 자주 발표되었으면 좋겠다. 그래야 아이들이 '학교폭력은 절대 일으켜서는 안 되겠다'고 결심할 수 있을 것이다.

학교폭력은 누군가의 가슴에 지울 수 없는 검은 멍을 남긴다. 그래서 나는 이렇게 말하고 싶다.

"학교폭력은 가장 잔인한 범죄입니다. 누구에게도 절대로 일어나서는 안 됩니다. 만약 당신이 잘못된 판단으로 학교폭력을 일으켰다면, 진심으로 피해자에게 사죄하십시오. 그 당시 사과할 기회를 놓쳤다면, 지금 바로 그 기회를 찾아 사과하십시오. 그것이 피해자와 당신 모두의 인생을 살리는 길입니다. 이 점을 반드시 명심해야 합니다. 그렇지 않으면, 당신의 인생은 어느 한순간에 무너질 수 있습니다."

승진파 VS 비승진파

"선생님은 승진을 준비하세요?"

교직 경력 10년을 넘기면서, 가끔 이런 질문을 받곤 했다. 초임 시절, '승진'이라는 단어가 낯설었고, 그 준비가 무엇을 의미하는지 몰랐다. 교사로서의 길은 크게 두 가지로 나눠진다. 하나는 '승진파', 또 다른 하나는 '비승진파'. 이 둘을 나누는 기준은 간단하다. 승진을 목표로 하느냐, 아니냐. 물론 어느 길을 선택하든 아이들을 가르치는 일은 동일하다. 다만, 관리직에 오르게 되면 수업이 일상이 아니라는 점에서 차이가 있다. 결국, 이 선택은 교사 개인의 몫이다. 학교 밖에서 보면 교사는 단순히 수업을 준비하고 아이들을 가르치는 직업처럼 보인다. 하지만 실제로 학교에서는 수업 외에도 다양한 업무를 맡게 된다. 그 업무 역시 교육과 관련이 있어 교사가 담당하지만, 만약 교사가 '승진'의 길을 선택한다면 그렇지 않은 교사보다 대체로 더 많은 업무를 부담한다.

가끔 수업보다 업무 추진이 더 큰 부담으로 다가올 때가 있었다. 그럴 때면 '내가 지금 뭘 하고 있지?' 하는 생각이 들기도 했다. 초임 시절, 나는 교사들에게 주어지는 과도한 업무가 못마땅하게 느껴졌다. 하지만 교직 생활 10년 차가 되면서, 그리고 부장을 맡게 되면서 생각이 달라졌다. 부장 직책을 맡고 나니 업무가 쏟아져 들어오고, 이를 피할 수 없다는 사실을 깨달았다. 교사는 이처럼 수업과 업무를 병행한다. 나 또한 처음 부장을 맡고부터 10년 동안 업무에 매진해 왔다.

"음… 사실 나는 오래전부터 승진을 준비해 왔어."

"그래요? 부장님도 그러실 거로 생각했어요. 그럼, 그동안 어디 학교에서 근무하셨어요?"

첫 학교는 충청남도의 D 초등학교였다. 그곳은 승진 가산점이 일반 연구학교보다 1.3배 높았다. 초임 발령을 받자, 한 부장님이 "축하해요. 이 학교는 아무나 오는 곳이 아니에요. 운이 좋으시네요"라고 말했다. 그 말을 듣고도 나는 그저 "네"라고 대답했을 뿐이었다. 그 이후로도 비슷한 말을 여러 번 들었다. 그 벽지학교에서 2년 6개월 동안 근무했고, 같은 학교가 농어촌 학교로 변경되면서 1년을 더 있었다. 의도치 않게 가산점이 꽤 쌓이게 되었다.

"부장님의 승진 점수를 계산해 드릴게요."

두 명의 후배가 내 승진 가산점을 계산하면서 "승진 가산점이 엄청나시네요"라고 말했다. 그 말을 듣고 나는 생각했다.

'그게 그렇게 대단한 건가?'

A 초등학교에서 근무하는 교사들 대부분은 승진을 준비하고 있었다. 그런데 나는 그들 중 하나가 아니라 '주변인'이었다. 그 입장이 싫어 회식 자리에서 농담을 던졌고, 그 말 한마디로 나에게는 '승진파'라는 꼬리표가 붙었다. 이후 나는 부장을 맡게 되었고, 전출 시에는 초빙교사로 다른 학교로 이동했다. 여섯 번째로 전출된 G 초등학교에서 수영부 담당 교사를 맡게 되었고, 다음 해 내가 담당한 학생이 전국소년체육대회에서 금메달을 획득했다. 그 결과로 연구대회에서 1등급을 받았고, 그 덕분에 나는 본격적으로 '승진파'로 분류되었다. 10년 동안 승진을 향해 쉼 없이 달려왔다. 인생은 이렇게 흘러간다. 하지만 지난 3년, 나는 심각한 건강 문제에 시달렸다. 알 수 없는 두통과 어지럼증이 원인이었다. 가만히 있어도 힘들고, 움직이면 더 힘들었다. 급기야 근무 중 혈압이 급상승하여 응급실에 실려 간 일이 몇 번 있었다. 동료들이 걱정해 주었고, 그로 인해 민폐를 끼친 것 같아 미안한 마음에 6개월간 휴직을 했다. 그 고난의 시간이 이제는 과거가 되었다. 그 과정을 거치며 나는 '승진'이 나에게 맞지 않는 길임을 깨닫게 되었다. 사람은 누구나 자신에게 맞는 삶의 방향이 있다. 나 또한 교사로서 최종적인 도착점을 찾기 위해 노력했지만, 때로는 방황도 했다. 그러나 결국 내 결론은, 교단

을 떠나는 순간까지 내가 있어야 할 곳은 '교실'이고, 내가 해야 할 일은 '수업'이라는 것이다. 승진을 준비하는 사람들은 그들의 길을 가겠지만, 그 길 또한 각자의 선택과 결과일 것이다. 이제는 아침에 교실 문을 열고 아이들을 맞이하는 것이 내게 편안하다. 아이들이 내 책상 앞에 와서 인사를 하고 수다를 떠는 모습을 보면, 나는 진정한 즐거움을 느낀다.

"선생님, 오늘 미술 시간에는 뭐 해요?"
"숲에 나가서 연못이나 구경할까?"
"좋아요!"
"그래, 그러자."
우리 반 아이들은 내가 어떤 제안을 해도 항상 긍정적으로 반응한다. 이런 모습이 교사를 행복하게 만든다. 또한 이것이 바로 '교사와 학생의 에너지 교류'다. 아이들과 소통하는 일은 매일 내게 주어지는 선물과 같다. 10여 년 동안 학교 업무에 치중하며 점점 지쳐갔지만, 지금은 다르다. 몸과 마음이 온전히 아이들에게 집중되고 있다. 그게 좋다.

'잘한 선택이야.'
나는 퇴임하는 순간까지 아이들과 함께하며 수업할 것이다. 이것이 내가 선택한 교직의 길이다.

내가 수업 대회
합격자 명단에 없다고?

'누군가는 합격 소식을 전해주겠지.'

하지만 내 예상은 빗나갔다. 모든 소통 창구는 일과가 끝날 때까지 조용했다. 이때 눈치를 챘어야 한다. 그저 수업 대회 결과에 대한 연락이 늦는 거라고 편한 대로 생각해 버렸다. '불합격'. 나는 보기 좋게 예선 탈락을 했다. 이번이 벌써 두 번째 낙방이다. 수업 대회에서 교사가 등급을 받으면 승진할 때 연구 점수를 받을 수 있다. 인사 기록 카드에 수업 대회의 결과가 등재된다면 그 얼마나 으쓱할 일인가. 그래서 나도 경력이 더 쌓이기 전에 수업 대회에 참가해 보고 싶어서 40대 중반에 참가 신청서를 제출했다. 그런데 처음으로 신청했던 수업 대회에서 보기 좋게 예선 탈락을 했다. 그 결과를 보고 나 자신에게 실망했지만, 다시 도전해야 한다는 오기가 발동했고,

이번이 두 번째 도전이었다. 하지만 역시 나의 준비가 부족해서일까. 두 번째 수업 대회 도전에서 똑같이 '불합격'이라는 결과를 얻은 것이다. 그런데도 조금 더 철저히 준비할 생각은 하지 않고, '나를 또 떨어뜨리다니'라는 말도 안 되는 건방을 떨었다. 참 한심하다. 만일 우리 반 아이가 나처럼 그랬다면 잔소리나 지도를 한 바가지 퍼부었을 것이다.

'우선 1등급을 받은 분의 조언을 들어보자!'

다음번 수업 대회에서 합격하기 위해 내가 선택한 첫 번째 전략이다. 무엇이든 그 일의 성공 사례를 분석하는 것 이상의 길이 있을까. 그 생각은 틀리지 않았다. 나의 첫 번째 수업 대회 멘토는 현재 근무하는 학교의 교감선생님이었다.

"이를 악물고 연습했어."

교감선생님의 말씀이 지금도 귀에 들리는 듯하다. 현재 교감선생님은 관리직이니 수업은 하지 않는다. 하지만 수업 심사는 꾸준히 하시는데, 거기에는 이유가 있다고 말씀하셨다.

수업을 계속하지 않으면 '수업의 감'을 잃게 되고, 그로 인해 고루한 방식으로 수업하게 된다는 것이다. 교감의 자리에서도 이런 수업에 대한 안목을 유지하려고 노력하는 모습을 보며 존경심이 들었다. 그리고 그로 인해 나도 수업 대회뿐만 아니라 수업에 대한 새로운 시각을 갖게 되었다.

'다시 시작해 보자.'

학교는 아이들이 학습을 위해 오는 곳이니, 교사에게 수업은 심장과도 같다. 나 또한 아이들을 가르치기 위해 학교로 출근한다. 그러니 아이를 잘 가르치기 위한 나의 고민과 노력은 이어져야 할 것이다.

'아는 것과 잘 가르치는 것은 별개의 것'

수업 대회를 준비하면서 나의 수업 능력을 공식적으로 인정받고 싶은 마음을 가졌다. 다시 도전하는 수업 대회에서는 원하는 결과를 얻으려는 마음을 다잡고 더 꼼꼼하게 준비하기로 결심했다.

수업 대회에 참가하기 위해서는 아래의 두 가지를 먼저 챙겼다.

첫째, 수업과목의 선택이다. 올해 내가 맡은 학년은 2학년이라, 수업에서 선택할 수 있는 과목은 국어, 수학, 통합교과의 세 가지였다. 원래는 음악을 선택하려고 했으나, 2학년은 음악 활동이 통합교과에 포함되므로, 나는 수업 대회에 참가할 과목으로 '통합교과'를 선택했다.

둘째, 수업의 차시를 정하는 것이다. 과목을 정했다면 그중에서 어떤 차시를 선택할지를 결정해야 한다. 수업 공개에 적합한 주제를 선정하는 것이 무엇보다 중요하다. 다행히 우리 학교에는 수석교사와 음악과 출신의 교장선생님이 계셔서 차시 선택에 관한 귀중한 조언을 받을 수 있었다. 수업 준비 과정에서 이처럼 학교 내의 재원에게 도움을 요청하는 것도 큰 도움이 된다.

또한, 수업 대회에 참가하기 위해서는 몇 가지 마음가짐이 필요하다.

첫째, 심사위원의 표정에 무심해지는 것이다. 수업 중 심사위원들이 뒤에서 지켜보고 있으면 그들의 무표정한 얼굴이 눈에 들어오게 된다. 처음 수업 대회에 참가했을 때는 이런 모습에 '내가 수업을 못하고 있나?'라는 생각이 들어 마음이 가라앉곤 했다. 하지만 그럴 필요가 전혀 없었다. 심사위원들은 공정성을 유지하기 위해 무표정을 유지해야 한다는 것을 나중에야 알게 되었다. 표정으로 결과를 예측하려는 것은 아무 의미가 없으며, 심사위원의 표정과 심사 결과는 아무 상관도 없기 때문이다. 다행히 나는 이번이 첫 수업 대회 참가가 아니기 때문에 이런 점에서는 한결 익숙해져 있었다.

둘째, 아이들에게 욕심을 부리지 않는 것이다. 수업 중 아이들에게 지나치게 높은 수준이나 과도한 양의 활동을 요구하면 수업이 실패로 끝날 가능성이 크다. 특히 수업 대회 당일에는 교사뿐만 아니라 아이들도 긴장하기 마련이다. 그래서 평소 잘하던 것도 제대로 해내지 못하는 경우가 많다. 따라서 아이들의 수준을 평소보다 조금 낮게 설정하고, 수업 내용에 맞게 조정하는 것이 중요하다.

셋째, 평소처럼 수업을 진행해야 한다. 이벤트성이나 과도하게 기교를 강조한 수업은 오히려 자연스러움을 해칠 수 있으므로 피하는 것이 좋다. 예를 들어, 수업 때 입을 옷도 평소처럼 준비하는 것이 중요하다. 만약 교사가 새 옷을 입고 싶다면, 아이들의 눈에 익숙해질 수 있도록 평소에도 자주 입고 오는 것이 좋다. 수업 대회 당일 교사가 낯선 모습을 보이면 아이들은 그것을 어색하게 느껴 더 긴장할 수 있다. 따라서 평소와 같은 익숙함을 통해 아이들에게 편안함을 제공하는 것이 성공적인 수업 진행의 핵심이다.

넷째, 수업 대회 당일 발생 가능한 상황을 점검한다. 이를 위해 수업에 사용될 자료와 준비물을 꼼꼼히 확인하고, 수업자의 말투와 진행 방식도 미리 점검해야 한다. 학습 목표에 도달하기 위한 동기 유발 방법부터 각 수업 활동에 걸리는 시간까지 세밀하게 계산해야 한다. 수업 시간 40분 안에 모든 활동을 마무리하려면 치밀한 계획이 필수적이다. 아이들은 계획대로 움직이는 로봇이 아니므로, 돌발행동이나 예기치 못한 상황에 대비해 유연한 계획을 세워야 한다. 이러한 준비를 통해 예상치 못한 상황에서도 여유롭게 수업을 진행할 수 있다.

이 정도면 모든 준비가 완료되었다. 이제 남은 것은 계획한 수업을 실제로 적용하는 것이다. 별다른 문제가 생기지 않고 수업이 매끄럽게 진행되기를 바란다. 무엇보다도 이번 수업이 아이들에게 오래도록 기억에 남을 행복한 시간이 되었으면 한다.

"수업 심사위원들이 볼 때 수업의 수준이 비슷하다면 어떤 수업에 더 높은 점수를 주게 되나요?"

"아이들과 교사의 교감이 있는 수업이야. 한마디로 따뜻하게 보는 이를 몰입시키는 수업이지."

참가한 수업 대회 결과를 알리는 공문은 수업 대회가 끝난 후 그리 오래 걸리지 않아 학교에 도착했다. 이번에는 이상하게 대회 결과를 기다리는 마음이 전처럼 떨리지 않았다. 어떤 결과든 받아들일 수 있는 여유가 생겼기 때문이다. 하지만 생각보다 높은 대회 결과를 접했을 때, 감정이 북받쳐 눈물이 핑 돌았다. 준비 과정 하나하나가 주마등처럼 떠올랐다. 수업 대회 예선에서 두 번이나 탈락하며 느꼈던 아쉬움과 그로 인해 수업 준비에 몰입했던 시간 덕분에, 수업이란 고민하고 노력한 만큼 완성된다는 사실을 다시 깨달았다. 무엇보다 이번 경험을 통해 수업에 대한 자신감과 안목이 생겼다. 그 결과 후배들이 수업에 관해 물어올 때, 더 확실한 조언을 할 수 있게 된 점이 무엇보다 기뻤다.

"고민하고 또 고민해 보세요."

누군가 수업에 관해 묻는다면, 나는 이렇게 말할 것이다.

"생각하고 또 생각하는 만큼, 그 수업은 달라질 거예요. 수업 시작부터 종이 울리는 마지막 순간까지 고민하며 최선을 다해 보세요."

난 커서
꼭 선생님이 될 거야

"유미야, 이번 교내 미술 실기 대회에서 상을 받겠더라."

내 책상 앞까지 오셔서 전해주시는 담임선생님의 말씀에 깜짝 놀랐다. 그림이라고는 배워 본 적도 없고, 그래서인지 그림에 소질이 없다고 생각했던 내가 상을 받는다니? 믿기 어려웠지만, 그건 사실이었다. 일주일 후 교장실에서 상장을 받게 되었으니, 그건 분명한 현실이었다. 절대 내게 일어나지 않을 것 같던 일이 이루어진 순간이다. 그 일을 계기로 나 스스로 '그림을 좀 그리는 사람'이라고 여기며 긍정적인 자아개념을 형성하게 되었다.

초등학교 5학년 담임선생님은 내성적이고 말수가 적었던 나를 유난히 챙겨주셨다. 나는 그런 선생님이 무작정 좋았다. 평범한 내 그림을 좋게 봐주시고, 상을 받을 거라는 말씀까지 미리 해주시는 모습이 정말 따뜻했다. 하지만 그 감사함을 말로 전할 용기는 없었다. 선생님 앞에만 서면 어찌나 부끄럽던지, 고개만 숙인 채 말 한마디 제대로 못 했던 기억이 난다.

선생님과 나 사이에는 또 다른 특별한 일이 있었다. 우리 집 근처 태종대 공원에 선생님이 가족과 놀러 오셨을 때, 일부러 우리 집을 찾아주셨다. 마침 아버지가 뒷마당에서 등목을 하고 계셨는데, 선생님은 집 안으로 들어오셔서 "유미가 정말 똑똑해요"라고 말씀하셨다. 나는 부끄럽기도 하고 기쁘기도 했다.

그해 가을, 우리 집 강아지가 새끼를 낳았고, 그중 한 마리를 선생님께 분양해 드렸다. 그 강아지의 이름은 '똘똘이'였다. 그런데 이 똘똘이가 한밤중에 선생님 댁에 침입한 도둑을 내쫓았다는 말씀을 들었다. 작은 강아지가 그런 용기를 낼 수 있었다니 신기하기도 하고, 한편으로는 감사한 마음이 들었다. 그 일을 계기로 선생님과 더 가까워진 것 같아 기분이 참 좋았다. 선생님께서 나를 얼마나 아껴 주셨는지, 그리고 얼마나 자상하게 대해주셨는지는 40년이 지난 지금도 생생히 떠오른다.

그때 나는 다짐했다.

"난 커서 꼭 선생님이 될 거야."

스무 살이 되던 해, 교대에 진학했다. 초등학교 5학년 때 담임선생님처럼 아이들에게 공평하게 대하는 교사가 되고 싶었다. 또한, 중학교 2학년 때 수학의 기본 원리를 알기 쉽게 가르쳐주시고, 개별 칭찬으로 자존감을 북돋아 주셨던 수학 선생님처럼 '수학을 좋아하게 만드는 교사'가 되기로 마음먹었다. 국어 시간마다 자신의 일상을 이야기로 들려주며 우리 마음을 따뜻하게 어루만져 주셨던 중학교 국어 선생님처럼, 나도 '아이들과 진심으로 소통하는 교사'가 되고 싶었다. 내가 만났던 선생님들의 좋은 점을 하나하나 닮아가고 싶었다. 특히 초등학교 교사는 다양한 역할을 맡는 직업이기에, 변화와 새로운 것에 흥미를 느끼는 나에게 딱 맞는 일이라고 생각했다.

하지만 현실은 이상과는 조금 달랐다.

"엄마, 내가 교사라는 말씀은 하지 마세요."

어머니는 내가 교사가 된 것이 자랑스러워 동네 사람들에게 자주 이야기하셨다. 하지만 나는 그런 말들이 부담스러웠다. 어머니의 자랑이 전해지면, 나는 다른 이들의 선입견 어린 말을 들어야 했다.

"아이들은 공부 잘하죠?"

"방학 동안은 편하겠네요."

"퇴근 시간이 왜 그렇게 빨라요?"

"수업 끝나면 뭐 하고 놀아요?"

나는 결심했다.

'내가 교사라는 사실을 가능하면 밝히지 말자.'

직업을 숨겨야 하는 현실이 답답하지만, 많은 교사가 나와 같은 마음일 것이다. 내가 교사라는 사실을 알게 된 사람들이 대뜸 "선생님 앞에서 혼나는 아이가 된 것 같아요"라고 말하며 나를 불편해하는 모습을 자주 봤다. 그런 상황은 나를 점점 더 위축시켰다. 그렇지만 이런 일들이 교사가 되겠다고 했던 내 초심을 흔들지는 못했다.

그런데 2023년 7월. 절대 일어나지 말았어야 할 일이 벌어지고 말았다.

무너지는 '교사의 세상'과
'공교육'

'2023. 7. 18. OO초 교사의 극단적인 선택'

　OO초 교문 앞은 전국에서 보내온 조화로 가득 차 있었다. 끝없이 이어진 조화의 행렬이 OO초등학교에서 일어난 상황을 암시하는 듯했다. 무슨 일이었는지 묻고 싶었지만, 누구에게 물어야 할지, 그리고 그 대답을 들을 수 있을지 확신할 수 없었다. 교문 앞에 모인 교사들은 눈물을 흘리며 연이어 "죄송합니다"라고 말했다. 이 사과는 누구에게 하는 말일까? 그들의 눈물은 언제 끝이 날까? 이 일에서 가해자는 도대체 누구인지 알 수 없다. 돌아가신 선생님의 유가족은 그 슬프고 억울한 감정을 어디에 호소해야 할까?

　퇴근길에 들은 비보는 머리를 한 대 얻어맞은 것처럼 나를 멍하게 만들었다. 믿을 수가 없었다. 아니, 믿고 싶지 않았다. 매일 지나가는 곳곳에서 이와 관련된 뉴스가 들려왔고, 그 소식을 들을 때마다 눈물이 흘렀다. 마치 고장 난 수도꼭지를 양쪽 눈에 붙여놓은 것처럼, 눈물을 멈출 수가 없었다. 가슴은 터질 것처럼 아팠다.

23살 초여름, 친정아버지가 돌아가셨다. 사망으로 인한 가족과의 이별은 겪어본 사람만이 아는 먹먹함과 슬픔이다. 가족을 다시는 만날 수 없는 곳으로 보내는 것은 말로 표현할 수 없는 허전함이었다. 그 현실을 받아들이는 건 쉽지 않았다. 나는 00초 선생님의 죽음을 접하고, 유가족이 하루하루를 어떻게 버티고 있을지 상상하며 또다시 눈물을 흘렸다. 2023년 7월, 뉴스를 도배한 00초 교사의 죽음과 그 뒤를 잇는 또 다른 교사의 극단적인 선택에 '이제는 제발 그만'이라는 말이 목구멍까지 올라왔다.

"선생님, 제발 죽지 마세요."

"살아만 계셔 주세요."

전국의 교사들은 검은 리본을 달고, 국회 앞 도로에서 울부짖으며 외쳤다. 그들의 눈물과 검은 파도, 외침은 대형 스크린과 하늘을 가득 채웠다. 교사들은 SNS를 통해 분노를 표출했고, 한 교사는 평소 '힐링'을 주제로 운영하던 사이트에 악성 학부모 민원인에 대한 저격 글을 올렸다.

교직에 막 발을 들인 그 선생님은 내 큰아이와 나이가 같았다. 큰애는 내가 퇴근 후 집에 가면 "배고파"라고 말하며 밥을 차려 달라고 한다. 아침잠이 가시지 않으면 "엄마, 학교에 좀 태워 주세요"라고 어리광을 부린다. 남들에게는 어른처럼 보일지도 모르지만, 나에게는 여전히 어린 아이처럼 느껴진다. 그 20대 초반의 '아이'가 학교에서는 '교사'라는 이름으로 교단에 선다. 장소만 바뀌었을 뿐, 그 선생님도 여전히 부모에게는 소중한 '자식'이자 '아이'다. 유치원부터 고등학교까지 성실히 학교에 다니고, 스무 살에 교대에 진학했을 것이다. 대학을 졸업하고 임용고시를 치르고 서울에 합격한 후, OO초등학교에 초임 발령을 받았다. 그러나 그를 기다리고 있었던 건 예상치 못한 비극이었다.

"조금 걱정은 되었지만, 우리 아이가 잘할 거라고 믿었어요."

선생님의 어머니는 아이의 49재를 치르며 이렇게 말씀하셨다. 늘 성실하고 착하고 긍정적인 아이가 버거운 학교에 발령받았지만, 잘해낼 거라 믿었을 것이다. 부모는 내 아이가 선하면 다른 사람들도 다 똑같을 거라고 기대한다. 하지만 세상에는 우리 아이 같지 않은 사람도 많다. 바로 그런 사람들이 이런 비극을 만든 것이다. 내가 기대한 대로 행동하지 않는 사람들 때문에, 소중하고 사랑스러운 선생님이 '악의 덫'에 걸려든 것이다.

'죄책감을 모르는 사람'

나는 2023년 7월 18일 이후로 여전히 누군가를 원망하고 있다. 꽃 같은 후배를 죽음으로 몰고 간 그 사람을.

선생님,
그래도 우리는 살아야 합니다

"잘 다녀와."

현관문을 열고 학교로 향하는 둘째 아이를 배웅한 후, 거실에 걸린 시곗바늘을 보니 10시 30분을 가리키고 있었다. 오늘은 대학 후배와 약속이 있는 날이라 모처럼 하루 휴가를 냈다. 아파트 지하 주차장에서 차를 출발시켜 20여 분을 달려 도착한 카페 주차장에 낯익은 차 한 대가 서 있었다. 후배의 집은 여기서 차로 20분 정도 거리가 되지만, 늘 그랬듯이 그녀는 나보다 먼저 도착해 있었다. 검은색 페인트로 칠해진 무거운 철제 카페 문을 열고 들어서니, 왼쪽에는 원형 테이블이 세 개 정도 놓여 있었다. 그중 한 테이블에 앉아 손바닥 크기의 성경책을 읽고 있는 후배의 모습은 마치 영화 속 주인공처럼 보였다.

'책, 조명, 잔잔한 음악, 간식, 사랑하는 후배.'

이것만으로도 나는 이미 그 공간에 빠져들고 있었다.

"벌써 왔네."

우리는 따뜻한 카페라테 두 잔과 흰색 휘핑이 올려진 와플 하나를 시켰다. 생크림과 과일은 적당히 차가워서 이가 시리지 않았고, 그 위에 깍둑썰기 된 복숭아는 여름의 풍미를 더해주었다. 따뜻한 차와 맛있는 간식, 그리고 마음이 편안해지는 후배와 함께하니 오늘은 그 자체로 완벽한 조화로움이었다. 몇 년을 만나지 못했지만, 마치 몇 시간 전에 만난 것처럼 화제가 넘쳐났다. 나에게 그녀는 후배라기보다는 '감사'라는 표현이 더 적합한 사람이다.

"학교가 좋아지기는 할까?"

초등학교 교사로 근무하는 후배와 만나자마자 시작된 화제는 당연히 최근 대한민국의 교직을 흔든 사건들에 관한 이야기였다. 교육대학을 갓 졸업한 후 꿈을 안고 학교 현장에 들어선 후배들이 '세상을 등졌다'는 비보에 선배로서 내 마음도 무너져 내렸다. 관련 뉴스를 볼 때마다 가슴이 터져버릴 것 같았다. 그때마다 무언가 해야 할 것 같아 노트북을 꺼내 폭풍처럼 키보드를 두드리고, 솔직한 마음을 글에 담아 SNS에 올렸다. 그 글에 달린 '좋아요'의 수를 보며, '나처럼 가슴 답답한 사람들이 이렇게 많구나'라고 생각하며 감사한 마음이 들었다.

'그래도, 나는 교사니까.'

'이 정도면 후배들에게 힘이 될까.'

그날, 대한민국의 한 초등학교에서 일어난 비보를 들었을 때, 나도 같은 교사로서 그 슬픔을 고스란히 안고 교직을 살아갈 힘이 빠지는 걸 느꼈다. 이제는 딸과 같은 나이의 젊은 후배들이 그런 무너짐을 더 이상 겪지 않기를 바란다.

세상은 타인의 슬픔을 오래 기억하지 않는다. 아버님이 돌아가셨을 때, 나는 그 사실을 깨달았다. 우리 가족에게는 무너지는 고통이 찾아왔지만, 세상은 아무렇지 않게 돌아가고 있었다. 지금 생각해 보면 그것이 당연한 일이다. 어쩌면 교직에서 일어나는 고통과 불통은 길어지겠지만, 교사는 다시 일상을 살며 아무 일이 없던 것처럼 제자들을 가르칠 것이다. 지금의 뜨거운 분노는 언젠가 또다시 그 열기를 잃겠지만, 이번만큼은 조금 더 길게 이어졌으면 좋겠다. 한 명의 초임 교사의 희생을 잊지 않았으면 한다.

직장인이라면 근무 시간이 지나서 오는 연락을 좋아하는 사람은 없을 것이다. 교사도 마찬가지다. 차라리 그 시간에 내가 반가운 후배를 만나서 힐링하듯, 그저 보기만 해도 반가운 사람과 만나 담소를 나누며 교직 생활의 고단함을 풀어보길 추천한다. 어떤 말을 해도, 말이 밖으로 새어 나갈까 봐 걱정되지 않는 누군가와 수다를 떨라고 권하고 싶다. 교사는 주로 교실에서 수업과 상담, 그리고 업무를 한다. 교실은 독립된 공간이라는 장점이 있지만, 자칫하면 타인과의 소통을 단절시키는 곳이 될 수도 있다. 그래서 교사는 옆 반과 옆 사람을 돌아보고, 내 마음에도 숨을 몰아넣을 수 있는 여유를 가져야 한다. 그렇게 해야 몸과 마음의 이완이 가능하다. 특히 요즘 교사는 학교라는 전쟁터에서 노동자처럼 살아가고 있다.

지금 내가 마시는 것은 커피가 아니다. '여유'와 '휴식'이라는 '필수 영양제'다. 우리의 후배들도 그랬으면 한다.

"근무는 근무 시간에만 하는 걸로 해요."

"우리는 살아야 하니까요."

이 시대 교사의 DNA

누구나 학창 시절을 떠올리면 울컥하고 가슴이 찡해지는 스승 한 분쯤은 있을 것이다.

어제 저녁 6시쯤, 친구를 만나기 위해 카페에 들어갔다. 차를 마시던 중, 건너편에서 두 아이가 손을 잡고 우리 쪽으로 걸어오고 있었다. 자매처럼 보이는 두 아이 중 언니는 작년에 내가 담임을 맡았던 아이이고, 동생은 현재 우리 반 학생이다. 언니는 말이 없고, 동생은 활발한 성격이었다. 그 동생이 언니를 때리고 괴롭히곤 했고, 작년 언니의 일기장에는 동생 때문에 힘들었다는 내용이 자주 적혀 있었다. 나는 담임이 아닌 입장에서 그 동생을 만나면 항상 "언니한테 그러면 안 돼"라고 말하곤 했다. 그런데 어제 그들을 보니, 둘 사이의 갈등은 전혀 느껴지지 않았다. 다정하게 손을 잡고 대화하며 걸어가는 모습은 마치 드라마 속 자매 같았다. 편의점에 들어갔다 나오는 모습에 가슴이 뭉클했다. 3월에 봤던 동생은 마치 들판을 달리는 야생마 같았는데, 어제 언니를 대하는 아이의 태도를 보니, 이제는 안심해도 되겠다는 생각이 들었다. 그동안 아이가 잘 자라주어서 감사했다.

'아이들은 교사에 대한 존경을 바탕으로 성장한다.'

나는 학교가 지금과는 달라졌으면 좋겠다. 어느 순간부터 학교가 불안하고 위태로워 보였다. 아이는 교사를 믿지 못하고, 교사는 아이를 제대로 가르치기 힘들어지는 상황이다. '전쟁터'처럼 보이는 학교 현장에서도 나는 항상 이렇게 소망한다.

'내가 가르치는 아이가 바르게 잘 자라기를.'

'내 아이도 어느 학교에서 한 선생님의 제자이기에, 내 마음은 더욱 그렇다.'

'학생이 잘못된 행동을 한다면, 반드시 지도받아야 한다.'

'교사는 학생을 바르게 이끌어야 한다.'

얼마 전 세상을 떠들썩하게 했던 말, 바로 '왕의 DNA'라는 말이 떠오른다. 이런 것이 존재할까? 하지만 나는 '교사의 DNA'는 확실히 존재한다고 생각한다. 교사라는 직업에 몸담은 사람들은 어떤 어려움에도 불구하고 '아이 한 명 잘 가르쳐 보겠다'라고 노력한다. 아이의 미소 하나에 웃고, 학부모의 감사 인사에 가슴이 뭉클해지기도 한다. 한 시간 수업을 잘하기 위해 1분 1초를 재며 준비한다.

그게 바로 '교사의 DNA'다. 일명 '교사의 팔자'일지도 모르겠다.

아이를 바르게 이끌고, 다른 사람에게 모범이 되어야 할 사람만이 교사가 되어야 한다고 생각했다. 그런 사람이 되어야 한다고 믿으며 학창 시절을 보냈다. 어느 자리에 있든 누군가가 나를 보고 있지 않아도 항상 바르게 행동하고 말했다. 어쩌면 나는 그런 사람은 아니었을지도 모르지만, 그런 마음을 가지고 살아왔다.

오늘 한 교사 친구와 통화했다. 친구는 자기 학교에서 한 학부모가 자신의 아이와 대화한 사람은 무조건 아동학대로 고발한다고 했다. 그 대상이 학생이든 교사이든 상관이 없단다. 그 학부모가 이렇게 행동하는 이유는 무엇일까? 당하는 사람들은 이유를 알 수 없으니, 같은 상황은 계속 반복될 것이다. 이유 없이 고발당하는 교사와 학생들은 얼마나 두려울까? 그 반 담임은 이미 병가를 내었고, 기간제 교사도 자주 바뀌었다. 학생들은 그 한 아이로 인해 공포에 시달린다. 교사에게도 언제 그런 일이 일어날지 모르는데, 막을 방법이 있기는 한 걸까?

학교는 이제 무서운 곳이 되어버렸다. 아이들에게도 말이다. 세상이 어지러워져서 때로는 누군가 학교를 위협할 수도 있지만, 그럼에도 아이들은 제대로 된 교육을 받아야 한다. 이 교육을 담당해야 할 사람은 교사다. 그렇다면 교사는 '교사의 DNA'를 지닌 사람이어야 한다. 어떤 상황에서도 당당하게 아이들을 가르칠 수 있어야 하며, 이를 뒷받침할 제도적인 체제가 마련되어야 한다. 이는 교사 개인이 극복할 수 없는 문제다.

오늘 교육부에서 학교 생활지도 관련 정책이 발표되었다. 첫술에 배부를 수는 없겠지만, 다양한 전문가들과의 협의를 거쳐 교사와 교육 현장, 그리고 아이들의 교육권을 보장할 수 있는 정책으로 자리 잡기를 진심으로 바란다. 이것은 단지 교사를 위한 것이 아니라 교육과 우리 아이들의 미래를 위한 것이다.

끝으로, 교사에 대한 '존중'을 잃은 아이와 가정에 이 말을 전하고 싶다.

"아이에게는 교사에 대한 존경심이 필요합니다. 그래야 아이가 바르게 성장할 수 있습니다."

"부모님, 아이를 바르게 지도해 주세요."

"당신의 아이는 사회의 중요한 구성원이 되어 살아갈 사람입니다. 그러니, 책임감을 느끼고 아이를 가르쳐 주세요."

"아이를 지도할 자신이 없다면, 아이가 교사를 존경하도록 지도해 주세요. 그것이 아이를 위해 학부모가 가져야 할 최소한의 역할입니다."

어떤 사람이
교사가 되어야 할까?

"엄마는 왜 선생님이 되셨어요?"

"엄마는 아이들을 가르치고 싶어서 선생님이 됐지."

"다시 옛날로 돌아가신다면 또 선생님을 하실 거예요?"

"…."

"제가 선생님이 된다고 하면 찬성해 주실 거예요?"

"…."

"어떤 사람이 선생님이 되는 거예요?"

"…."

차를 타고 가던 중 둘째가 나에게 던진 질문이다. 여기에서 첫 번
째를 제외한 나머지 세 가지 질문에는 선뜻 답을 할 수 없었다. 왜

그랬을까? 그 머뭇거림의 이유는 무엇일까? 이렇게 주저하는 나 자신에게 스스로 질문해 보았다.

'이 시대에 과연 어떤 사람이 교사가 되어야 할까?'

매일 아침 8시 30분이면 어김없이 교실에 도착한다. 들어서자마자 창문을 열어 환기를 시키고, 컴퓨터를 켠다. 물통에 물을 채우고, 뜨거운 햇볕이 교실을 데우지 않도록 롤스크린을 내려 채광을 조절한다. 이렇게 아이들을 맞이할 준비를 마쳤다. 아이들이 교실에 들어서는 순간, 나는 다른 일을 하지 않는다. 이는 아이들의 모습을 살피기 위해서다. 어떤 아이는 고개를 푹 숙인 채 조용히 내게 인사를 건네고, 또 다른 아이는 신이 난 목소리로 "안녕하세요!"라고 외친다. 아침의 이 짧은 순간에도 아이들의 모습은 정말 다양하다. 때로는 평소와 달리 어두운 얼굴로 들어오는 아이가 있다. 그럴 때면 마음이 쓰인다. 하지만 바로 이유를 묻기보다는 기분을 풀어주기 위해 장난을 걸어보거나 하루 종일 그 아이를 주의 깊게 관찰한다. 그러다 눈이라도 마주치면, 마치 별일 아니라는 듯 다정하게 말을 건넨다.

"오늘 아침에 뭐가 좀 힘들어 보이는데."

"네…."

"무슨 일이 있는 거니?"

"아니에요. 그냥 조금 피곤해서요."

"학교에 오느라 고생했다."

이런 말은 누구나 할 수 있는 말이다. 하지만 담임 선생님이 해주는 말이라면, 그 아이에게 하루를 시작하는 에너지가 되지 않을까 싶어 조심스레 건네본다. 그러고는 아이의 등을 가볍게 토닥인다.

　아이들도 힘들지 않겠는가. 어른이 직장에 출근하려고 집을 나설 때 느끼는 마음과 크게 다르지 않을 것이다. 나는 아이들이 아침 시간에 느낄 수 있는 힘겨움을 인정하고, 그 마음에 공감하고 싶었다. 그 작은 공감과 격려가 아이의 하루를 조금이나마 더 따뜻하게 만들어 줄 수 있기를 바라며.

　교실에는 다양한 아이들이 함께한다. 아침 밥상에 올라온 고기반찬 하나에도 감사해하거나, 별다른 이유 없이 웃고 활력이 넘친다. 수줍은 얼굴로 내게 다가와 무언가를 말하거나, 친구들의 작품이 붙은 게시판 앞에서 두리번거린다. 선생님에게 칭찬받으려고 심부름을 자처하는 모습까지 보면 정말 귀엽다.

　이렇게 다양한 색깔과 향기를 지닌 아이들이 모인 곳이 바로 교실이다. 그래서 아침에 속상한 마음으로 등교했던 아이도 하루를 보내다 보면 어느새 기분이 풀린다. 등굣길에 부모님께 혼이 났어도 친구들과 공기놀이하거나 장기 한판을 두고 나면 언제 그랬냐는 듯 차분해지는 기이한 일이 일어난다.

　이렇게 시간을 보내는 것만으로도 아이들은 스스로 치유를 얻는다. 집에서는 5분도 가만히 있지 못하던 아이가 교실에선 하루 5시간 이상 자리에 앉아 공부한다. 그리고 그 사이사이에 친구들과 웃고 떠들며 교류한다.

'결석한 아이는 없을까?'

'오늘은 어떤 일정이 있지?'

교내 메신저를 열어 일정을 확인한다. 회의나 특별한 행사가 없는지 살펴본다. 내가 업무를 놓치거나 협조하지 않으면 전체적인 학교 업무 진행에 차질이 생기기 때문에 항상 챙기려고 한다. 결석이나 지각한 아이가 보인다면, 혹시 보냈을지도 모르는 학부모님의 문자를 확인한다. 요즘은 출결 관리 앱 덕분에 이 부분이 편리해졌다. 덕분에 교사는 아침 시간의 업무 부담을 줄일 수 있고, 학부모는 아이가 아프거나 특별한 상황이 있을 때 담임교사에게 전화로 연락해야 한다는 부담을 덜 수 있다.

아침 활동 시간에는 수업을 위한 학습 자료를 준비한다. 이때 아이들이 내 자리로 와서 몸이 아프다고 말하는 경우가 있다. 그럴 때는 아이에게 집중하고 보건실에 도움을 요청한다. 1교시 시작종은 하루의 시작을 알리는 것이기도 하다. 이렇게 수업이 끝나면 요일마다 조금씩 다르긴 하지만, 2학년은 보통 2시, 고학년은 3시 정도가 된다. 학습량이 부족한 아이들은 가끔 나와 남아서 공부를 한 후 하교하기도 한다.

학교는 수업이 핵심이다. 연구학교나 시범학교라면 관련된 프로젝트를 수업에 적용하게 된다. 때로는 점심시간이나 쉬는 시간에 이와 관련된 회의에 참석할 때도 있다.

여기까지는 아이의 학습 지도와 관련된 부분이다. 하지만 교사에게는 아이들의 생활지도도 중요한 부분이다. 만약 아이들 간에 다툼이 발생한다면, 그 사안을 신속히 파악하고 절차에 맞게 처리해야 한다. 아이들이 몸과 마음을 다치는 일이 없도록 늘 살펴야 하고, 만약 그런 일이 생긴다면 마음을 다해 지도한다. 물론, 학부모님과의 대화의 창을 열어두고 소통하며, 함께 해결책을 찾는다.

　교사에게는 해마다 학년과 업무가 배정된다. 이 업무는 교사의 학습 지도와는 별개의 영역이다. 얼마 전 군산의 한 교사가 업무의 부담으로 극단적인 선택을 했다는 뉴스를 접했다. 학교 밖에 있는 사람들은 이 부분에 의아해할 수도 있지만, 현재를 살아가는 교사라면 누구나 공감할 것이다. '아이들 때문에 업무를 못 하겠다'라는 대선배님의 농담이 사실은 많은 교사의 현실을 반영한 슬픈 말이다. 지나친 업무가 교사에게 부담이 되지 않기를 바란다. 이는 아이들에게 집중할 에너지를 교사에게서 빼앗는 일이기 때문이다.

　교사는 아이들과 소통하며 종일을 보낸다. 이 과정에서 아이들은 교사에게 교과 외의 중요한 것들을 함께 배운다. 이를 '잠재적 교육과정'이라 부른다. 시간표에 적힌 교육과정 외에도 교사의 말과 행동을 통해 많은 것을 배우게 된다. 이는 어쩌면 '표면적 교육과정'만큼이나 중요할 수 있다. 그래서 교사는 자신이 하는 말과 행동을 매우 신중하게 고려해야 한다. 우리 반 아이들이 나를 보고 있다는 것을 인식하자. 그 아이들이 내 생각을 복사하고 따른다는 사실이 교사를 움직이게 한다. 그 아이들 한 명 한 명의 눈빛과 간절함이 교사에게는 에너지가 된다. 매일 힘을 내고, 스스로 충전하면서 아이들에게 다가갈 수 있는 바로 그런 사람이 교사가 되어야 한다. 그래서 나는 자신에게도 매일 질문한다.

'넌 이런 사람인 거지?'

선생님,
자신을 사랑해 주세요

얼마 전, 학부모 민원과 교사들을 인격적으로 모독하는 사건들이 연이어 보도되었고, 그로 인해 몇몇 교사들이 비극적인 선택을 했다는 소식이 전해졌다. 이 사건으로 대부분 언론은 관련 내용을 다루었고, 교육 현장은 슬픔과 비통함으로 가득 찼다. 극단적인 상황으로 치닫고 있는 교육 현장을 바로잡으려는 노력은 교사만의 영역이 아닌, 전 국민적인 움직임으로 확산하였다. 국회 앞에서는 전국의 교사들이 생활지도를 위한 입법을 요구하며, 교사의 안전과 아이들의 교육권을 보장할 수 있는 학교 환경을 만들어달라고 목소리를 높였다.

학부모 민원은 예전부터 있어 왔지만, 아이를 두고 만나는 교사와 학부모는 종종 불통의 관계에 놓일 수 있다. 이런 상황에서는 교육적 대화가 어려워진다. 마치 겨울에 살얼음판을 걷는 것처럼 불안정하다. 부모는 내 아이에게 밀착된 존재라서, 아이가 한마디 말이라도 하면 그 마음이 뜨겁게 반응한다. 이건 내가 엄마이기 때문에 백 퍼센트 공감이 된다. 하지만 그런 마음이 자칫 잘못된 방향으로 흐를 수도 있다.

"이건 선생님 잘못이다."
"내 아이를 담임선생님이 미워하는 건가?"

이런 생각들이 학부모와 교사의 거리를 멀어지게 하고, 교사에게 끊임없는 무력감을 안겨줄 수 있다. 2023년에 일어난 비극적인 사건 이후, 지금 과연 학교는 얼마나 달라졌을까?

"달라진 것은 없어요."
"오히려 더 심해진 것 같아요."

교직에 불어온 이 잔인함으로 인해 나는 점점 힘이 빠지고, 열정을 가지고 교직에 들어섰던 그 마음을 잊게 된다. 하지만 교사라면 알고 있다. 이런 마음을 계속 가지고 있으면 안 된다는 것을. 가슴속 슬픔을 빨리 버려야 한다는 걸. 그러나 그게 쉬운 일인가? 매일 열정과 실망 속에서 살아가는 교사들. 이런 사람이 바로 나일 수도 있고, 다른 교사일 수도 있다. 때로는 교실로 걸려 온 전화 한 통에 힘이 빠져서 머리가 하얗게 변하기도 한다.

28년 경력의 교사로서 수많은 경험을 통해 마음이 단단해졌지만, 새로 발령받은 선생님들을 보면 요즘 같은 시대에 그들이 순수한 마음으로 교직을 이어갈 수 있을지 걱정된다. 민원이 들어오면 어떻게 대응할 수 있을지, 힘든 상황에서 자신을 잃지 않도록 유지할 수 있을지 염려스럽다.

아이들은 결코 잘못이 없다. 만약 그들이 어긋난 행동을 했다면, 그것은 어른인 우리가 잘 가르쳐주고 이끌어줘야 할 몫이다. 그래서 교육이 필요하다. 또한, 교사가 겪는 여러 고민을 소통하고 상담할 수 있는 시스템이 마련되면 좋겠다. 이를 통해 아이들이 바른 교육을 받을 수 있는 학교가 되기를 바란다.

선생님들에게도 이 말을 전하고 싶다.

"교사가 행복해야 아이들도 행복합니다."

"선생님, 자신을 사랑해 주세요. 선생님은 교사이기 이전에 부모님의 소중한 자녀라는 사실을 절대 잊지 마세요. 무조건 살아주세요. 어떤 일이 있어도 말이죠."

28년 경력 교사로
살아간다는 것

"부장님, 뭐 하고 계세요?"

"교실 정리하고 있어."

"내년 2월까지 근무하실 건데, 왜 벌써 정리를 하고 계세요?"

"아니야. 이제 내일부터는 이 학교에 나오지 않아."

8월 말에 명예퇴직을 신청하셨지만, 2학기를 이어서 우리 학교에서 근무하시기로 했던 부장님이 갑자기 학교를 그만두신다고 하셨다. 나는 무슨 일인지 몰라서 가슴이 뜨끔했다. 1학년을 담임하셨기 때문에 2학기까지는 무조건 책임지고 맡아야 한다고 생각하셨던 그 부장님은 왜 생각이 바뀌셨을까?

그 순간, 나는 선배님의 눈을 봤다. 아쉬움과 슬픔이 가득하고 어쩔 줄 몰라 하시는 모습이 담겨 있었다. 나는 그 눈빛에서 떨림을 느껐다. 33년이라는 긴 시간 동안 교직에서 아이들에게 얼마나 진심이셨을까. 후배 교사인 나를 대하는 선배님의 모습을 떠올려보면, 교실에서 아이들과 지내시는 모습이 상상된다. 그리고 나는 그 모습을 늘 배우려고 노력했다. 짐을 챙기시는 부장님의 모습을 본 순간, 내 가슴이 무너져 내리는 것 같았다.

교실 정리를 도와드렸다. 서랍 안의 물건들 중에서 버릴 건 버렸다. 책꽂이에 꽂혀 있는 책 중에서 집으로 가져가실 것만 빼고 폐휴지함에 넣었다. 아이들에게 나누어 주셨을 간식이 담긴 바구니도 비워냈다. 마치 내 마음속을 정리하듯.

신규 시절, 선배님들의 교직 노하우를 배우기 위해 매일 교실을 찾아가 그분의 업무를 도와드리면서 컴퓨터 모니터 속 문서들을 살펴봤다.

"저 지금 선배님의 업무를 복사 중이에요."

"그래, 얼마든지 그렇게 해."

지금 생각해 보면 그 시절의 내가 기특하다. 무엇이든 배우려고 노력하는 모습. 그때 선배님의 눈에 내 모습이 조금은 귀여웠을지도 모르겠다. 뭔가를 배우려는 마음은 늘 숭고하고, 필요한 것이다. 새로운 걸 워낙 좋아하는 나는 다른 선생님들이 하는 재미난 학급 활동이나 수업 방법을 보면 배우고 싶은 마음이 생긴다. 이런 변화무쌍하고 창의적인 것을 추구하는 성향을 주신 것에 대해 부모님께

늘 감사하다. 또한, 나의 신규 시절 나에게 배움을 주셨던 선배님들과 우리 학교에서 끊임없이 내 모습에 피드백과 따뜻함으로 마음을 감싸주셨던 부장님 덕분이라고 생각한다. 나도 후배들에게 그런 선배가 되고 싶다.

아침에 출근하면 교실 문을 열고 글을 쓴다. 매일 나의 일상을 남기고 싶어서다. 그리고 또 다른 이유는 교직에서 안일한 교사로 남고 싶지 않아서다. 아이들을 뜨겁게 사랑하고 아낄 수 있는 교사로서의 감성을 유지하고 싶다. 내가 건네는 말 한마디에 아이가 힘을 냈으면 좋겠고, 그 마음에 응어리가 있다면 그 부분을 쏟아내도록 도와주고 싶다. 누군가는 나에게 "그럴 필요까지 있어?"라고 할지도 모른다. 하지만 단 한 명의 교사가 그래야 한다면, 그 아이에게 내가 그렇게 해주고 싶다.

엄마로서 두 아이를 키우며 쏟은 눈물이 많았다. 우리 반 아이들의 부모님도 나와 같지 않으실까? 육아로 인한 어려움이나 고통을 덜어내는데 교사로서 내가 할 수 있는 일이 있다면, 당연히 그들을 돕고 싶다. 나도 이런 마음으로 내 아이의 선생님에게 손을 내밀었고, 그런 내 손을 잡아준 선생님 덕분에 내 아이는 힘든 동굴을 벗어나 밝은 길을 걷고 있다.

"걱정하지 마세요. 좋아질 거예요."

매일 나는 우리 반 학부모들에게 이 말을 전하고 싶다. 아이들로 인해서 부디 매일 행복하시기를 바란다.

28년 경력의 교사로 살아간다는 것. 그것은 끊임없이 노력하고 고민하고 생각해야 한다는 말이다.

적어도 교직에 들어와 아이들을 잘 가르치기 위해서.

내가 되고자 하는
선생님의 모습

첫날 떨리는 마음으로 시작했던 교직 생활이 벌써 28권의 달력을 지나고 있다. 나의 교직 생활은 매일 정신없이 바쁘다. 그래도 교실의 문을 열고 들어서는 아이들의 얼굴을 보면 여전히 반갑고, 그들이 건네는 인사에 가슴이 뜨거워진다. 이런 걸 보면 '아직은 학교에 근무해도 되겠구나'라고 스스로 위로하게 된다.

무거운 몸을 이끌고 출근해 교실 창가에 앉아 머릿속을 정리하는데, 아이들의 너스레가 필요하다는 생각이 든다. 나는 초등학교 교사인 게 분명하다. 아이들이 때로 앞뒤가 맞지 않는 말을 해도, 나는 그 말을 맞춰가며 들어주고, 논리가 부족한 말도 논리적으로 다듬어 주는 일이 어렵지 않다. 아이에게 평범한 말을 가르치고, 괴로워 소리치는 아이를 안아 등을 쓸어주면 내 마음이 아파진다.

'넌 그 나이에 무슨 슬픔이 많아서 그렇게 소리쳐야 하니?'

악다구니를 지르는 아이에게는 마음속으로 이렇게 묻는다.

교사로서의 초심이 흔들릴 때, 나는 몇몇 선생님들을 떠올리며 내가 되고자 하는 '선생님의 모습'을 다시금 되새긴다.

첫째, '공평한 교사'다.

나는 똑같은 상황에서도 아이를 차별하는 선생님이 싫었다. 아이는 교사의 반응에 집중한다. 그런데 그 반응이 계속 변한다면 아이는 불안하고 당황스럽다. 그래서 나는 아이를 변함없는 기준으로 대할 것이다. 꾸중하더라도 분명한 이유를 말하고, 아이가 이해할 수 있도록 지도할 것이다. 칭찬이든 꾸중이든 아이가 그 이유를 모른다면, 그건 교육적 가치가 없다고 본다.

둘째, '공감하는 교사'다.

아이의 마음을 읽어줄 것이다. 모든 내용을 아이에게 맞추기는 어렵고, 항상 그럴 수는 없다. 하지만, 선택이 가능하다면 그들이 원하는 것에 맞춰주고, 아이의 의견을 존중할 것이다. 아이가 힘들어할 때 그 이유에 관심을 기울이고, 그 마음을 충분히 수용할 것이다. 교사가 아이의 말에 관심을 가지고 들어주면, 아이는 안정을 찾고 자신의 의견을 말하게 된다. 나는 이 과정이 아이의 심신을 더 건강하게 만든다고 믿는다.

셋째, '잘 가르치는 교사'다.

아이들이 학교에 와서 배워야 할 기본적인 내용을 교사가 충분히 숙지하고 잘 가르칠 수 있어야 한다. 이것은 교사로서 가장 기본적인 능력이다. 아이들이 "저 이거 학원에서 배웠어요"라고 말할 때, 때로는 '내가 잘 가르칠 필요가 있을까'라는 의구심이 들기도 했다. 그러나 모든 아이가 배워야 할 것을 가르치는 곳이 바로 학교이고, 학교에서 근무하는 교사는 아이를 잘 가르쳐야 한다. 교사는 누군가를 만족시키기 위한 서비스 직종이 아니다. 우리가 목표로 해야 하는 것은 '학생과 학부모의 만족'이 아니라, '교육 목표의 도달'이다.

넷째, '안정감을 주는 교사'다.

교사가 안정적인 정서를 가지고 있어야 아이들에게도 그것이 전달된다. 어떤 상황에 닥쳐도 아이들에게 편안하고 다정하게 반응하자. 학교는 상처받은 아이들에게 치유의 공간이 되어야 한다. 학교는 누구에게나 공정하고 공평하며 편안한 곳이어야 한다.

완벽한 사람은 존재하지 않는다. 그렇다면 완벽한 교사는 과연 있을까? 나는 나만의 교사상을 지키며 교직을 이행할 것이다. 물론 교사마다 되고자 하는 선생님의 모습은 다를 수 있다. 나는 적어도 학창 시절 절대 닮고 싶지 않았던 선생님의 모습을 버리고, 존경했던 선생님의 모습을 매일 내 가슴에 새기며 살 것이다.

지금, 이 순간 교사로서의 내 모습이 아이들에게 불편하게 느껴질 수도 있다. '내 요구에 맞추기 위해 아이가 힘들어하지는 않을까'라는 걱정이 들 때도 있었다. 하지만 그것이 교육적 가치를 지니고 아이에게 긍정적인 변화를 일으킬 수 있다면, 아이가 일시적으로 거부감을 느끼더라도 계속해서 실천해 나갈 것이다. 대신 나는 항상 이 한 가지를 명심한다.

'아이들을 위해 충분히 고민했는가?'

이 질문에 부합한다면, 나는 오늘도 내 소신대로 아이들을 끌어 나갈 것이다. 설령 나를 무섭다고 말하는 제자가 많더라도 말이다.

"오늘 선생님이 조금 무섭게 느껴지더라도 이해해 줄래?"

"나중에 돌아보면, 이 시간이 어떻게 기억될지는 아무도 알 수 없는 일이니까."

"선생님을 믿어줘."

나는 과연 어떤 교사가 되어야 할까? 엄마로서, 교사로서 아이에게 무엇을 전할 것인가? 나는 학교에서 어떤 존재가 되어야 할까? 누군가는 이렇게 물을지도 모른다.

"교직이 힘든데, 혹시 그만두고 싶으세요?"

"절대 그렇지 않습니다. 우리에게는 '아이라는 희망'이 있으니까요."

오늘도
가르치기위해
교단에 섭니다

초판1쇄 2025년 1월 27일 **지은이** 정유미 **펴낸이** 한효정 **편집교정** 안수경 **기획** 박화목 **디자인** purple **일러스트** Freepik **마케팅** 안수경 **펴낸곳** 도서출판 푸른향기 **출판등록** 2004년 9월 16일 제 320-2004-54호 **주소** 서울 영등포구 선유로 43가길 24 104-1002 (07210) **이메일** prunbook@naver.com **전화번호** 02-2671-5663 **팩스** 02-2671-5662
홈페이지 prunbook.com | facebook.com/prunbook | instagram.com/prunbook

ISBN 978-89-6782-232-3 03370
ⓒ 정유미, 2025, Printed in Korea

*책값은 뒤표지에 있습니다.

이 도서의 국립중앙도서관 출판예정도서목록(CIP)은 서지정보유통지원시스템 홈페이지(http://seoji.nl.go.kr)와 국가자료공동목록시스템(http://www.nl.go.kr/kolisnet)에서 이용하실 수 있습니다.